ちくま文庫

志ん生の忘れもの

小島貞二

筑摩書房

目次

志ん生の忘れもの

挿画　南伸坊

協力　美濃部美津子
古今亭円菊

まえがき

落語家はたくさんある中で、五代目古今亭志ん生のような人はいない。作家でいうならば、夏目漱石とくらべてもよいだろう。

夏目漱石は、『三四郎』の中で、佐々木与次郎なる作中人物に、三代目柳家小さんをこう語らせている。

「小さんは天才である。あんな芸術家は滅多に出るものじゃない。何時《いつ》でも聞けると思うから安っぽい感じがして、甚だ気の毒だ。実は彼と時を同じゅうして生きている我々は大変な仕合せである。今から少し前に生れても小さんは聞けない。少し後《おく》れても同様だ」

漱石は一八六七―一九一六、三代目小さんは一八五七―一九三〇。小さんのほうが長生きしたが、ほぼ同年代である。

この伝でいうと、私は志ん生をきいただけではなく、深く接し、志ん生を書いたことをこよなく幸せに思う。一八九〇—一九七三の志ん生にくらべ、一九一九年生まれの私は、親と子ほどの年齢差がありながら……。

私は前に『びんぼう自慢』という志ん生自伝を手伝い、本やレコードの中の志ん生作品集の、ほとんどに監修をさせてもらっている。そして、ここにまた『志ん生の忘れもの』と題して、一冊を世に問うことになった。

酒と貧乏を売りものにし、気ままな自由人ぶりが多くの人に愛され、落語を地でゆくような暮らしは、そのまま芸のプラスになり、然《しか》もその芸は名人と呼ばれ、日本中の老若男女を笑わせる。口ではボロクソにいいながらも女房を愛し、りん夫人はまた夫の出世を信じて、骨身惜しまず尽くし切る。遠回りしながらも、落語界の頂点に立ったという人生の達人ぶりに、人々はこよなく拍手を送る。

そういった志ん生像こそ、むしろ今様であり、再認識されて然るべき人だ。

私は、生前の取材の折、実にさまざまな話をきき、また当時の資料が手許にあり、その何分の一かを、前の『びんぼう自慢』に書いた。

志ん生さんとのやりとりは、普通のインタビューとは違っていた。

普通は、一問一答の形で話が進む。話のキャッチボールで会話が弾むものであるが、志ん生さんの場合は違う。

一つテーマを示す。「きょうは、子どもの時分のことを……」と注文すると、「えー、あたしのガキの時分の、上野、浅草なんてえものは……」ともう始まっている。あくる日、酒についての注文を出す。「酒えてことになると、あたしは、どうも、ダラシがなくなっていけませんや……」、その次は旅、その次はバクチ。「ひとり高座」が十五分も二十分も続く。その日の気分で、どの話が、いつ、どこから、どっちへつながるのかわからない。

時には同じ話が二度、三度と返ってくるかと思うと、その同じことのある部分が拡大され、そこから新しい話がまた始まる。無尽蔵の宝庫の中で、しばし迷子になるような気分であった。底の知れない穴蔵に、腕を突っ込んで、埋もれた金塊を探す光景にも似ていた。

限られた時間の中で、客を満足さすのが習慣となってしまっている志ん生さんには、こういうしゃべり方が、一番自然なのであろうと思った。

もう一度、そのころを振り返り、思い出すままを記したのが、この本になった。みな本当のはなしであり、変な脚色はしていない。〝事実は小説より奇なり〟というが、志ん生さんの生きざまは、かくもすさまじかったのである。

執筆に当たって主体は私のメモによったが、不明なところは、志ん生さんの長女の美濃部美津子さんと、志ん生高弟の古今亭円菊さんにきいた。それに、この本を企画し私に執筆を勧めた、うなぎ書房の社長稲見茂久氏に感謝する。

ご愛読賜れば幸せである。

平成十一年　十月

小島貞二

第一章

生き返った志ん生

豆腐屋の
もつ包丁は
怖くない

志ん生の洋服ぎらい

文楽さんや円生さんは、よく洋服を着ていたが、志ん生さんは絶対の洋服ぎらい。志ん生さんの洋服姿なんて、暗夜の星と同じで誰も見たことはない。ところが一生に二度だけ、洋服の世話になったことがある。

一度は、戦争中の昭和十五年、西暦だと一九四〇年だが、皇紀だと二六〇〇年になるというので、十一月十日にその式典が挙行された。日本軍の北部仏印進駐だの、日独伊三国同盟成立だの、独軍パリを占領だのと、景気のいい話が山盛りで、日本が米英に宣戦を布告した一年前に当たる。

「はなし家も、洋服を着て靖国神社へお参りに行かなきゃァならねえ。着物や下駄てえわけにゃゆかねえから、みんな揃いの国民服をつくろうじゃないか」

ほかの人は洋服に慣れているからいいが、志ん生さんは生まれて初めて。

ズボンを尻のほうを前にして穿いたので、小便が出来ない。あわてて穿き直すなどの滑稽もあり、上野鈴本前からゾロゾロ歩いて宮城へゆく。そこから歩いて更に靖国神社へゆく。

歩いてるうちにゲートルはずってくる、靴は痛いのなんの、大手町のあたりで、靴を脱いでハダシになる。靴をぶらさげて、ヒョッコヒョッコ歩くなんぞは、あまりいい図ではない。

そのうち、いつの間にやら志ん生さんの姿が消えた。

「孝ちゃん、どうしたんだい？」

「うん、歩けないからって、帰ってしまったらしいよ」

ということで、宮城の前ではその姿は、もう見られなかった。

もっとも、靴は、笹塚時代に、下駄が減るというので、革の長靴を買って履いたことがある。

天気の日はいいが、雨の日は水が入ってどうしようもない。売った古道具屋へどなり込むと、

「旦那、ちゃんとした靴なら、あんな値段じゃ、とても売れませんよ」

といわれて、なるほどとうなずくより仕方なかった。

戦争中はどうしたかというと、もっぱらモンペに防空頭巾。モンペの下は着物だから、うっかり見つかると非国民呼ばわりをされかねない。

そういうときはどうしたかというと、夜帰るとき、馬生（十代目、長男・清）が闇の中から現われて、抱きかかえるようにして、警防団のいない道を選んで駆け出したという。

満州にゆくときも、着物にモンペ。満州でも大連でも、着物にモンペで通した。大連で着物を着ているのは女性だけ。女性も髪を伸ばしていては危ないというので、丸坊主にした人も多い。後ろから、

「奥さん、奥さん」

と呼びとめられたことも、一度や二度ではなかったという。

もう一度、洋服を着た体験というと、大連から帰るときである。このときは、中国の兵隊のおさがりを着て、ズタ靴を履いて帰って来た。

汚いのなんの、プーンと臭いのする奴で、りん夫人があわてて丸めて捨ててしまった。

すぐ風呂を沸かして入り、着物を着て、

「あー、生き返った！」

と、やっと志ん生にもどったという。

病気になってから、馬生がパジャマを買ってきたので、着てみたが、五分もしない
うちに脱いでしまって、

「こんな窮屈なもの、どこがいいんだい」

だから、志ん生さんの洋服姿など、誰も見たことがない。

十七回目の改名

国電《J・R》の日暮里の駅を降りて、山のほうへ歩く。御殿坂を少し上がって突き当たると石段。石段に続いて、ちょいと左が七面坂。江戸の地図にある道だ。石段のところは、戦争中、大きな防空壕があり、そこをつぶして石段にしたというから、戦後のことだ。

坂を下りると、商店街が一直線に並ぶ。百メートルも行くと、右側に下駄屋と化粧品店があり、左側が魚屋。志ん生や馬生一家が刺身などを頼んだ魚屋である。その魚屋の奥に、講談の奇人、桃川燕雄《ももかわえんゆう》が住んでいた。

その右側の、下駄屋と化粧品店の路地を右に回って、百五十メートルほど。右側に石段二つばかり高くなった角に質屋がある。その質屋の奥……奥といっても、そこだけ広い空間のある一角に、志ん生家があった。

荒川区西日暮里三―××―×。志ん生さんの晩年の〝食う寝るところに住むところ〟である。すぐ裏方の庭ぞいに、馬生の家があった。こちらは西日暮里三―××―××。

家は建て坪、そう四十坪ほど。玄関を入ると三和土《たたき》があって、廊下が一直線に伸びていて、右に六畳間と八畳間。左に三畳間と風呂場と台所。玄関から右に二階へ上がる階段があり、二階は六畳が二つと三畳間。裏は庭がかなり広くとってあり、池もある。

その下の六畳間が居間で、大きなテーブルが一つ。床の間にはテレビがある。そのテレビに対向するように、となり座敷の唐紙を背にした位置に、志ん生さんはいつも座る。りん夫人は、庭を背にした障子の前が定位置。美津子さんや弟子たちは、空いたところに座る。家族の食事などもそこですます。

私がよく通ったころは、そのテーブルのこちら側に座り、志ん生さんとりん夫人を、左と正面に置く位置で、いろいろ話を聞いた。

一度、志ん生さんが直接、電話口に出たことがあり恐縮した。ヨッコラショと立って、部屋の入り口にある電話まで歩かないと、電話に出られないからだ。

奥の八畳は客間兼寝室で、床の間には酒が何本もならび、タンスが二棹あって、本棚もあった。酒も辛口で冷やが好きだから、来客は心得て、そういう酒を持ってくる。甘いものを持ってくるのは、ドジな客ということになる。

本棚には落語の本がズラリと並び、一番上に『円朝全集』が置かれていた。

左の三畳間は、物置き同様で、時に弟子たちの部屋になり、お手伝いさんの部屋に化ける。

二階の六畳二間の入り口のほうに、若いころの志ん朝（三代目、次男・強次）がいて、奥は美津子さんの部屋。三畳は物置き。

そうした〝志ん生の城〟は、家のまわりを、板と竹が取り囲み、庭のうしろは編んだ竹になっていた。ある前座が先輩から「お前のギャラより、この竹のほうが高いんだぜ」とからかわれたという、そんな手入れのゆきとどいた竹垣であった。

りん夫人が、昭和四十六年の十二月九日、七十四歳で先に亡くなって、志ん生さんはいよいよ孤独になった。寝たり起きたりが続く。楽しみといえば将棋と酒だけ、弟子の朝馬がよく将棋の相手をした。

先頃、NHKの「東京落語会」で、鈴々舎馬風《れいれいしゃばふう》が、まくらでこんなことを話していた。

りん夫人が亡くなったとき、志ん生は動けない。弟子の円菊におぶさって、棺桶のところまでゆき、花束をそーっと死に顔に添えて、腹からしぼり出るような声で、

「おれも、あとから、行くからなァ……」

これが志ん生さんの、りん夫人に対する唯一の愛情であった。唯一の愛情は少しオーバーだが、志ん生さんの心の叫びであったことは間違いない。

酒は死ぬまで、欠かさなかった。美津子さんが気をきかせて、寝酒の二合には、いつも水を割って飲ませた。

「近ごろの酒は、どうも水っぽくていけねえ」

「あら、そんなことないわよ。お父さんの舌のせいよ」

「そうかな……」

そんな会話が毎日続く。

昭和四十八年九月二十日の夜、美津子さんは何か感じるものがあったのだろう。寝酒を注文する志ん生さんに、地のままの酒を二合、いつものコップで出した。

「今日の酒、うまいなあ……」

と、ポツリ。それが最後の言葉になった。

翌二十一日の朝、八時ごろ、傍らに寝ていた美津子さんが起きて、

「お父さん……」

と声をかけたが返事がない。

ときく。返事がない。今朝、何、食べる」

「お父さん、今朝、何、食べる」

ときく。返事がない。まだ寝ているのかなと思う。約二時間後。

「おむつ、取っかえようか……」

と、体にさわると、いつもの感触と違う。

「あらッ！」

とおどろく。まだ体は温かいが、息がない。さあ、大変！　隣家の馬生を呼びにゆく。医師に電話する。

これが志ん生さんの最後であった。

昭和四十八年九月二十一日、午前十一時三十分。八十三歳。眠るような大往生であった。

偉大だった志ん生に、打ち出しの太鼓の響いた日であった。

葬儀は二十三日、自宅で行われた。長蛇の列は、路地の下駄屋と化粧品店のところを通り越して、まだ続いた。

そして、文京区小日向の〝えんまさま〟で知られる、浄土宗の還国寺《げんこくじ》の、先祖代々の墓に葬られた。

これはかつて、志ん生さんが、昭和四十二年七月に、先祖大供養を行い、美濃部《みのべ》孝《こう》蔵《ぞう》の名で建てた墓であった。

もと落語協会会長、芸術祭賞受賞、紫綬褒章、勲四等瑞宝章受章。

ああ！「松風院孝誉彩雲志ん生居士」

かなしい十七回目の改名であった。

貧乏自慢

『サンデー毎日』の「びんぼう自慢」（正しくは貧乏自慢）の五回目は、昭和三十七年十二月三十日号の誌面。こんなことが書いてある。

改名十六回

（前略）

あたしは、数えの十八歳でこの商売（落語界）に入って、今までに十六回も改名をしております。

順にふりかえってみますてえと、初めが名人円喬師匠の門弟で三遊亭朝太、同じく円菊になって「二ツ目」、それから古今亭馬太郎、全亭武生、吉原朝馬、隅田川馬石、それから金原亭馬きんとなって「真打」の看板をあげたのでありますが、それからがいけねえ。

古今亭志ん馬から講談の先代の芦洲《ろしゅう》先生のところへころがり込んで小金井芦風またハナシ家にもどって古今亭馬生、それから先代の三語楼さんとこの身内になって柳家東三楼、ぎん馬から甚語楼、古今亭志ん馬から金原亭馬生となり、昭和十四年に志ん生の五代目をついで、ズーッと今日に至るてえわけでありますが、芸人にとって折角ひとさまから覚えていただいた芸名を、ちょいちょいかえるなんざァ、あんまり得ではございませんが、あたしの場合はいつまでも同じ名前だと借金取りがおっかけて来やがるという、やむにやまれぬ改名も、何度かはさまっております。若いころのことなんてえものは、まことにしようのないものであります。

全亭武生なんてえのは考えてみますてえと、オツな名前で、あたしなんぞよりズーッと前のひとで、師匠から「お前さん、全体無精でいけないよ」としかられたのを、そのまま芸名にしたというのですからおもしろい。昔は写楽斎奴だの五街道雲助だの家庭円満だの、ふざけた名前はウンとあったものであります。円満なんてえのは、人間もかわっていたが、たべるものもかわっていて、クモを見るてえと、みんな食っちまう。どのクモが一番うめえかときいたら「うーん、クモはおいらんグモに限る」

うちの強次（志ん朝）が生まれたときは、あたしが神明町に住んでいて、まだ馬生てえころで、かかァがきょうあすに生むんじゃァないかと気が気じゃァないが、今の文楽やなんかと名古屋に興行があって、大須の文長座に出かけて、一席「桃太郎」をやっておりてくるてえと、前座が東京の三語楼さんから来た電報を見せてくれた。「子供は軍人だよ、安心おしな」と書いてある。誕生日が陸軍記念日（昭和十三年三月十日）と来たから、あたしもハナが高い。三語楼さんはあたしの家のすぐ前に住んでるから、いろいろ心配してくれ、お七夜には「ござんなれ、ここに日本の男の子」というオツな短冊を添えて、「強次」てえ名前までつけてくれました。

ついこないだまで「オレ、外交官になって、えらくなって、お父っつぁんを築地の料亭でメシ食わしてやるからなァ」なんていっていたが、近ごろは志ん朝となって、少しは売れて、ひいきのお客さんによばれて、手前で築地の料亭なんぞに出入りしてやがる。人間の運命なんてものは、まことにわからないものであります。

人間の運命……てえことについては、あたしにも思い当たるフシがありましてな。

強次が生まれたあくる年の春、神田の立花の楽屋で、事務員みてえなことをやっていた右中てえのが、あたしの顔を見て「師匠、こんど志ん生になるんですってねえ。そうしたらどこへでもお供さしていただきますよ」とかなんとかお世辞をいった。そのとき別にそんな話があったわけじゃァないが、あたしの頭にピーンと「志ん生」てえ名前がこびりついた。その晩の帰り、貞山さん（六代目一龍斎貞山・当時落語協会会長）と車が一緒だったもんだから、なんとなくその話をするてえと、貞山さんも、

「うん、ワシも、君が志ん生になりゃァいいと思っとった」

といってくれた。帰ってさっそく、かかァに相談すると「あたしゃ、反対だよ」とソッポを向きゃァがる。

無理もございません。志ん生てえ名前は、もともと円生から出た名前でありますが、初代、二代が四十いくつで若死にしている。しばらくたって雷門助六てえひとが「真正」と文字をかえて三代目をついだがいけねえ。鶴本の師匠が四代目をついだが、これがまた五十そこそこで死んじまうというんで、葬式のとき玉輔てえのが「もう志ん生てえ名前はだれにもつがせねえ。戒名に入れて葬っちゃう」てんで、

エンギの悪い名前になっていたからであります。

あたしゃ、かかァの前でタンカを切った。

「べらぼうめ、志ん生になると、わずらうなんてえことが、法律できまってるわけのもんじゃァあるめえ、こういうこたァなァ、その人の持って生まれた運命だ。オレが志ん生になって、わずらうなら本望じゃァねえか」てんで、浅草の馬道にある手ぬぐい屋で手ぬぐいを五反ばかりたのんだが、金なんぞありゃァしない。貞山さんから四十円ばかりかりて、一反ずつ持って来ては客のところへあいさつに出回る。ひろめだけは、りっぱにやりたいてんで、上野の精養軒でやることになったが着るものがない。〝エヘヘ〟の柳枝がハカマをくれた。安田さんてえお客が羽織をくれた。精養軒の払いも、当日のご祝儀をあてにするてえ始末だから気が気じゃァない。

しまいに前座が当日のアガリをもって来たのを、貞山さんがだまって、そっくり四百円なんぼうちのかかァに渡して「これからは、今までよりも出金が多い。金は大事にしなよ」てんで、支払いのほうは全部自分ですましてくれた。あァ、ありがてえな、えらい人だなと、あたしとかかァは涙をボロボロこぼしてよろこんだ。

結局、あたしの志ん生襲名は、たったの四十円ですんだのでありますから、ありがたいじゃァございませんか。

あたしは五代目の志ん生てえ名前をついで二十何年、別に若死にしたわけじゃありませんし、こん日までやっております。これから志ん生をつぐ者は、別にいじけるこたァ、少しもありません。

（後略）


間違っているところが二箇所ある。改名順の中で古今亭馬太郎とあるのは、「金原亭」が正しい。強次（志ん朝）の誕生日は、昭和十三年三月十一日が正しい。

この志ん生改名録は、異論もあるようであるが、私は長谷川藤太郎（巳野歳男、柳家小団治）さんから入念に調べてもらったものを基礎資料としている。長谷川さんは戦後の落語芸術協会の事務局長で、落語家に関する資料を多く持っていた。

志ん馬を二度、馬生を二度というのも数に入れて改名実に十六回、セミプロ時代の盛朝をふくめると十七回になる。

この「貧乏自慢」のタイトルと「古今亭志ん生」の文字は、当時寄席文字の第一人者の橘右近さん、さし絵は紙切り第一人者の林家正楽さんにお願いをした。二人とも志ん生さんとはほぼ同年配で、仲が良かった。正楽さんは、志ん生さんが本所業平《ほんじょなりひら》の〝なめくじ長屋〟から、浅草永住町（現・台東区元浅草）に移るとき、世話した人である。

毎日新聞社版『びんぼう自慢』のとき、このトリオ（志ん生、右近、正楽）を大事にして表紙を飾ってもらった。

酒と死神

志ん生は、川柳をよく詠んだ。

エビスさま鯛を取られて夜逃げをし

松茸を売る手にとまる赤とんぼ

豆腐屋の持つ庖丁はこわくない

などは知られているが、

引揚げに南山を見るなつかしさ

という句を知る人はほとんどない。

川柳と見るか、俳句と見るかは、読む人の自由であるが、この句は志ん生さんが、戦後大連から帰るとき、帰還船が港を離れ、思い出の大連の街を遠望して、

「あー、これで、生きて日本に帰れる。落語がまた演れるんだ」

と、万感胸に迫ったときの、心境を詠んだものと察せられる。

短冊に書かれたこの句は、いま長女の美津子さんが、唯一の形見として、大事に保存している。

志ん生と大連——。

そこには、〝酒と死神〟ともいえる、戦争秘話がある。

昭和二十年四月。三月十日に次ぐ東京大空襲で、下町、山の手も焼け野原となり、寄席もほとんど焼けてしまった。神明町の志ん生家もむろん被災したが、幸い、家族は無事。本郷区駒込動坂町（現・文京区千駄木）に家を借り、引っ越した。

「さて、どうしたら、よかろうか……」

と、思っているところへ、仕事が来た。

「師匠、満州の慰問に行っていただけませんか。ふた月ぐらいの日程だから、すぐ帰れますよ。それに向うはまだ空襲もない。それに酒もうんとあるそうですよ。タロウ（ギャラ）はこの位で……」

と、話を持って来たのは顔見知りの興行師。

今輔（五代目）がOKしていたが、家が焼けて急に行かれなくなり、代わりに円生（六代目）が行くという。映画説明の国井紫香《くにいしこう》も行くし、夫婦漫才の坂野比呂志も行くという。早速、家族会議が始まる。

うっかりすると、今生の別れになるかもしれない。酒ぐらいなんとかするから、行かないでおくれ、とりん夫人。なあに、たかだか二月ぐらいの旅だ。止めてもダメだよ、とはうれしいじゃないか、とご本人。おやじはこうときめたら、止めてもダメだよ、あとのことは、俺が何とか家の面倒を見るよ、と長男の馬生。

結局、出掛けることにきめ、トランク一つで上野駅から新潟へ。そのトランクの中には、夏の高座用の絽《ろ》の着物、それに念のためにと、ラクダのシャツと股引き。途中で飲む焼酎のビン。新潟から朝鮮の羅津《らしん》まで船。

船が大シケの中に突っ込んだとき、ダダダーンダンと大音響！

「それ、魚雷だ！」

の声に、たちまち阿鼻叫喚《あびきようかん》。

結局、それは、暴風に煽られ、ボートの綱が切れて、船腹にぶつかった音とわかったが、志ん生さんは、もう最後と覚悟。父の顔、母の顔、家族の顔、仲間の顔が脳裏に浮かんだという。トランクの中の焼酎を飲んで、ようやく落着いたという。

羅津から奉天へ入り、牡丹江《ぼたんこう》あたりまでゆく。もう帰りの船はなく、新京で一座は解散。そのうち敗戦、大連へ逃げる。

円生とは常に行動を共にし、あちこちで「二人会」を頼まれる。

近くソ連兵が来るという晩、乃木町のデパートから頼まれ、出掛けてみると、会場の正面に明治天皇の大きな額が飾られ、明日はその写真を焼くのだという。

係りの人が、

「陛下に対し奉り、誠に申しわけないことになりました。どうかお許しください」

というような挨拶に、泣き声が起こる。

そうして、二人に向って、

「では、師匠、一席お願いします」

となる。お通夜に、落語を演る例はない。これは国家のお通夜の晩だ。さて、どうしようと、二人顔見合わせたが、円生がまず上がって、

「えー、では、お笑いを一席、申し上げますんで……」

と、始めると、あちこちから泣き声が起こる。ひと言ごとに泣き声だから、とても演ってはおられない。志ん生が上がってもダメ。

涙の落語会というのは、あまりない。

無理もない。私も当時、南方のセレベス島（現・スラウェシ島）の収容所にいたが聞こえてくるデマは、

「天皇陛下が切腹されたそうだ」

「皇太子が二十五年の人質で、アメリカに連れてゆかれたそうだ」

「帰っても、男はみんなタマをぬかれるそうだ」

といった暗いものばかり。「引揚げの船が、いつ来るらしい」というわずかの噂だけが燭光であった。どこにいても、敗戦国民の置かれた立場にかわりはない。

大連では観光協会の留守番を頼まれて、円生と二人で二階に寝泊りしていたことが

ある。

毎日のようにソ連の兵隊が来たり、現地人のコソ泥が入って、叩きこわしたりモノを持ってゆく。下手に抵抗すると、生命を落とすことになる。だんだん寒くなる。着るものもない。食べるものもない。迎えの船は当分来そうもない。「えーい、こうなりゃ、死ぬのが一番てっとり早い」と志ん生、ウォッカ六本を目の前にして、真剣に考えた。

ウォッカは強い酒。グラスに二杯がいいところ、それ以上はいけませんよと、前に慰問に出掛けた折、念を押されて銀行からもらったもの。死ぬとなったら、酒を残しておくのはいまいましい。「えーい、飲んじまおう」というのが、そのときの志ん生さんの正直な気持ちだったと、あとできいた。

ウォッカ六本をストレートであける。頭の中は割れ鐘のよう。体中は火事のよう。死んだように倒れて寝てしまう。そして翌朝――。

「おい、美濃部さん、孝ちゃん、しっかりおしよ……」

と、呼ぶ声が空の上からきこえてくる。閻魔《えんま》の声にしてはやさしいなと思って、ヒヨイと気が付くと、呼んでいたのは、円生であった。

医者もビックリの強い胃袋は、十四、五歳のころから、酒びたしで鍛えたおかげと思われた。十日ほどでケロッと治ったという。

大連は戦時中は約十二万人の人口であったが、敗戦とともに満州各地からの避難民で、約二十五万人にふくれ上がっていた。

南山はその大連の裏山で、山麓に大連神社や東本願寺があり、市民にとっては馴染みの深い山である。

迎えの船に乗ったのは、昭和二十二年一月十二日。円生は向うで結婚した女性がいたから、少し遅れた。

「ただいまァ」と、動坂の家に帰って来たのは、一月二十六日であった。五十六歳のとき。

引揚げに南山を見るなつかしさ

志ん生さんの満州でのつらい、厳しい思い出が、この句に凝縮しているように思われる。

艶笑落語会

もし、志ん生、円生、そして森繁久弥の三人が、艶笑落語をオムニバスで、時間無制限で演じる会があったとしたら、入場料十万円でも、決して高すぎるとは誰も思わないだろう。

そんな会が、実際にあったのである。

新京で敗戦になって、新京放送局（ＮＨＫ）がソ連軍に接収された直後、上層部のおえら方が、善後策を講じた。

その席に、志ん生、円生、森繁の三人が呼ばれた。志ん生と円生は、一座解散のあと、新京放送局から専属の話があり、受けることにした矢先の敗戦であった。森繁はＮＨＫの若手アナウンサーで、二人の世話をよく焼いていた。

歌っても、しゃべっても、実に器用で、しかも品があって、鮮やかなことは、志ん生も舌を巻くほどであった。

「あんたは、こんなところでマゴマゴしてる人間じゃァない。東京へ来て、寄席へでも出たら、きっと売り出しますよ。あたしが太鼓判を押したっていい」

と、志ん生は常にその才能を高く評価していた。

誰言うともなく、

「もう、われわれの明日はわからない。どうです、師匠、今生の別れに、思いっ切り笑わせてくれませんか」

と、いうことになった。

余談になるが私も南方で敗戦を迎えた日の三日後、誰言うとなく誘い合せて、仲間と月夜の下の椰子の広場に集まり、歌って、しゃべって時ならぬ大演芸会を演ったことがある。そのとき「佐渡おけさ」をきいたし、「天保水滸伝」をきいたし、落語の「道具屋」もきいた。積りつもったウップンが、こんな演芸会で爆発したのであった。

「じゃァ、きいていただきますか……」

森繁が口火を切った。確たることはわからないが私は志ん生さんにきいた話から、こんな風ではなかったかと、想像する。

えー、貧乏な夫婦がございまして、貧乏ながらも仲睦まじく暮らしておりましたが、ふとした病いから、亭主がポックリと死ぬ。

あとに残ったおかみさん、夫を偲んで毎日のようにお墓参りに出掛けますが、なにぶん赤貧洗うような暮らし、とても線香を買うゆとりもない。

今日もお参りに来ましたおかみさん、お墓の前でさめざめと泣き沈みまして、

「おまえさん、すまないねえ、お線香をあげなくては、成仏しにくいだろうから、今日は、線香の十倍のものをあげるよ」

とばかり、着物の前をパーッとめくった。

と、森繁。「線香代り」の一席である。千の十倍はイクツと考えると、たまらなくおかしくなる。

えー、ある大名の若殿が、お嫁さんをおもらいになった。品行方正で、まだ童貞なんです。

お嫁さんのほうも、ちゃんとしたお大名のお嬢さんですから、こっちもなんにも知らない。つまり処女ですな。

床ン中で、どうやったらうまくゆくか、見当がつかない。そこで忠義の三太夫が若殿に、

「では、若殿、この爺ィめが、となり座敷に控えておりまして、太鼓にてお合図いたします」

「太鼓にて、いかがいたすのじゃ?」

「まず、お姫さまの上におのり遊ばして……」

「予が、上になるのじゃな」

「御意、お道具を、お姫さまの穴のところに、お付け遊ばしませ」

「予の抜き身を、姫の穴に当てるのじゃな」

「御意、手前が太鼓を一つ叩きます。それを合図に、殿のお道具を、グイとお入れください。二番で抜いて、三番でまた入れて……」

「うむ、心得たぞ」

ドーン、ドーン、ドーン。そのうちに、

「あ、これ、三太夫」

「は、はーっ」

「もそっと、早打ちに致せ」

と、円生。「合図の太鼓」の一席。つづいて志ん生が、
えー、むかし四ツ目屋てえのがございまして、長命丸とか女悦丸とか、張形、吾妻形《あづまがた》なんてえ媚薬や淫具を売っておりまして、そこへ田舎からそうとは知らないお年寄りの客がやって来て、

「えー、ちょっくら伺いますだが、この長命丸てえなァ、長くきくだかね」

「ええ、もう、長くイク薬で……」

「そら、ありがてえ。ふんなら、一つくだっせえ。やっぱりお湯で飲むだかね」

「いいえ、お休みのとき、その薬をくだいて、唾《つば》でぬらして、そのォ、あなたさまのせがれの頭にぬりますれば、それでよろしいんで……」

お年寄りはすっかり感心をして家へ帰りますと、与太郎という一人息子がいる。

「これ、与太郎や」

「うん」

「さあ、もう寝る時刻だぞ。頭ァこっちへ出せ」

「なにするんだ」

「なんもくそもねえ。父親の長生きのためだ、文句をいうでねえ」

と、頭に塗って、おさえつけるように寝かした。さア長生きが出来ると、楽しみに床に入る。さて、夜中になりますとな、床の中の与太郎の頭が、コクリコクリと持ち上がった。


と、志ん生の「四ツ目屋」と題す一席。

こんな具合に次から次へと、三人が持ちネタ一杯に、くりひろげて、果てしない。

艶笑落語の短編を拾い集めると、二百席や三百席ではきかない。

そこには、まだ〝平和〟が残っていた。そんな一夜であった。

般若の面

志ん生さんは、左の二の腕に彫りものがあった。ちょうど握り拳大《こぶしだい》の般若《はんにゃ》の面で、それも筋彫りであった。あまり怖くない。

「なァに、若いころのイタズラですよ……」

この程度のことしかいわなかったが、どうやら家を飛び出して、モーロー俥夫（モグリ商売の人力俥夫）のところに居候して、悪い友達と付合って、酒だタバコだバクチだと、放蕩の生活を重ねているころに入れたものらしい。むろん落語の世界に足を突っこむ以前で、十七、八歳の時期になる。

彫りものは鳶《とび》や職人が、見栄として彫ったもので、明治の若者にはさほど珍しいことではなかった。

だが、彫りものには金と時間と我慢がいる。

「痛いのと、金がないので、途中でやめてしまったらしいわよ」（美津子さん談）

ということらしい。

自分の墨のことは語らなかったが、志ん生さんは、むかしの落語家の彫りものの逸話を、いろいろにきかせてくれた。

柳家三語楼は志ん生さんにとっては、最後の師匠に当たる人で、もともと〝名人〟円喬の門人で右円喬といった。

横浜生まれで、セント・ジョセフ・カレッジを卒業、一時外国商社に勤めたというインテリだけあって、古典落語をアレンジした新作で受け、大正時代は〝爆笑王〟といわれたほど売れた。その全盛時代の勢いは大変なもので、門人は志ん生（当時甚語楼）だけでなく、柳家金語楼、権太楼、林家正蔵（七代目で、初代三平の父）、それに三味線漫談の柳家三亀松《やなぎやみきまつ》など、錚錚《そうそう》たるメンバーがいた。

この三語楼は、夏の暑い時分でも、左手の手甲を脱いだことがない。これは左の肩から腕にかけて彫りものがあり、それを隠すためだった。

また右の足の親指がないので、足袋の親指の部分には綿を入れていた。知らない前座がうっかりその綿をとって、あとで大目玉を喰ったという話もある。若いころの喧嘩出入りの傷のあとといわれた。

円喬が元気なころ、一朝、小円太、それに右円喬の三人を連れて、九州方面へ旅したことがある。円喬はおかみさんと二人で二等車に乗る。あとの三人は三等車で馬鹿ッぱなしをしている。

と、ある駅からドカドカと乗って来たのが、芸者四人を連れた、でっぷり太った一見土建屋風の男。キャッキャキャッキャッカと騒ぎ出して、うるさいどころじゃない。三人は面白くない。

目配せしておいて、右円喬がやにわに左の腕をまくる。自慢の彫りものを見せれば少しは静かになるだろうという算段だ。

ところが奴さん、「フン」と鼻で笑って、同じように左手のシャツをちょいとまく
ると、右円喬よりよほど立派な彫りものがのぞく。


それを横目に、一朝がパッと着物を脱ぐ。

一朝は円朝の高弟で、円朝の芸をよく継承し、のち八代目正蔵（のち彦六）や今輔
に、芸居ばなしの奥義を伝えた人として知られる〝一朝爺さん〟の若き日だ。
彫りもの自慢で、二の腕から肩から背中、そして太股まで、見事な図柄だから、八

ンパではない。彫り師も江戸一、二といわれる名人の作。これを見せれば、誰にもグウともいわせせない。楽屋ではあまり見せない。

「あらッ!」とおどろく女性群。騒ぎになるかと思った次の瞬間、もう一つ鼻っ先でにやり笑った奴さん、「おう、大層暑いじゃねえか、若えの、失礼するぜ!」と、パッとシャツを脱ぐと、何と何と体一面の極彩色。加藤清正虎退治の図柄で、こちらをにらむ背中の虎の、その目の凄いこと。そいつを見て、くやしがった小円太。

「べらぼうめ、こちとら江戸っ子でえ!」

と、いきなり立ち上がったはいいが、上の網だなに、いやというほど頭をぶつけ、そのまま目を回した。高笑いの声を残して、奴さん、芸者衆とともに、次の駅で降りて行ったという。小円太が、どんな彫りものだったか、確かではない。

五代目桂文楽は、モリョリョンという珍妙な踊りを得意としたところから、渾名を「モリョリョン」、またその風貌から「アンパン」ともいわれる。のちの桂やまと。

大正時代のある夏。岡野酒江という洋画家と、田村西男という作家と、文楽の仲よし三人組が、千葉県へ海水浴としゃれ込んで、一泊旅行に出掛けた。わざと汚い作り。宿は超満員だ。ご趣向がききすぎてか、いくら手を叩いても、女中が来ない。三人そろそろ頭に来た。

　やがて文楽が、左腕をまくって、画伯に耳打ちする。この腕に、女の生首を彫りものそっくりに描いてもらえないかというのである。画伯はうなずく。やがて、ゾーッとするような絵が、朱入りで見事に出来上がった。

「これでようがす。あとは、あっしにお任せを」

と、文楽はその腕だけ出して、そこへ寝っ転がる。しばらくして料理を運んで来た女中が、案の定、ギョッとする。あわてて階下へゆき、また上がって来たときから、様子が一変する。

　遊び人が小商人に化けて、こんなところへやって来た。このままでは何か因縁をつけられるに違いないという早合点だ。文楽の彫りもの大作戦も、実はソコにある。まさに図星通り運んで大笑い。酒だ飯だのあと、「お風呂の用意が出来ておりますので、ご都合のよろしいとき、お入り下さいませ」と知らせが来る。

　ところが文楽は彫りもののことなどコロリと忘れてしまって、風呂ですっかり流してしまった。あとで女中があらッ？

　やばいというので、一泊の予定をとりやめ、あわてて夜汽車に乗ったという。

チンチーン

「志ん生の聞き初めは、いつですか」

とよく聞かれるが、実は、いつとは、はっきりと答えにくい。

昭和十三年の夏から、私は両国にいた。

その前、漫画家の卵のような仕事をしているとき、ひょんな縁で六尺有余の長身をスカウトされて、相撲の世界に飛び込んだ。出羽海部屋である。

当時の出羽海部屋は、両国橋の袂《たもと》にあり、隅田川をはさんで、柳橋の花街と対向していた。「おーい」と呼ぶと、向うから御酌らしい若い妓が手を振る。こっちも手を振る。中をポンポン蒸気船が、あざ笑うように通ってゆく。

そんな粋と野暮の入り交じる下町風景であった。

入門まもない小力士たちは邪魔になるからと、巡業には連れて行ってもらえない。

〝残り番〟と称して、その他大勢の留守部隊というわけだ。午後から夜にかけては、暇を持て余す時間帯となる。

両国から一番近い寄席は、人形町の末広だ。それに浅草六区も魅力の場所だ。金がないのでしょっちゅうというわけではないが、時折通った。

私の故郷は、愛知県の豊橋。広義に考えると〝三河萬歳〟のエリアであるという関係かどうかは知らないが、中学生のころからお笑いが好きで、ラジオの落語、漫才、漫談はよく聞いていた。そういった本にも夢中で、こんな育ちの相撲取りが、強くなるはずがない。

その人形町末広で、まだ馬生のころの志ん生を聞いているはずだが、はっきりと思い出せない。「強情灸」を演っていた人が、多分そうであったろうと思う程度だからくやしい。

浅草の江戸館で聞いた、金平時代の三遊亭歌笑（三代目）や、人形町で見た、小円朝改め船勇亭志ん橋の襲名披露公演は、妙に記憶の中にある。

金平の歌笑は、まだ二ツ目ぐらいだから、早く上がり「ジャズ風呂」を演った。中学生時代の私は、落語や漫才を作って、ノートに書きなぐっていた。そんな中に銭湯で大騒ぎという一篇があった。

何か自分の落語を、高座で演じてもらっているような錯覚にとらわれ、トリ（たしか先代〈二代目〉円歌であった）が済むと、早速、楽屋にゆき、金平に会った。そうして、片や落語の二ツ目、こなた相撲のふんどしかつぎ、一尺も背の高さの違う二人が、

「お互いに頑張ろうよ」

と握手して、希望の灯を燃やし合った。それが昭和十三年の秋のことだ。

これが歌笑との出会いで、私が落語にのめり込むきっかけとなったのだから、忘れるわけにはいかない。歌笑の演っていた「ジャズ風呂」は、昔々亭桃太郎作と、あとで知った。

戦時中、前にも述べたように、私は、九州の炭鉱会社の派遣社員として、セレベス島（スラウェシ島）に渡っていたので、空襲下の寄席は知らない。

私の帰還は昭和二十一年五月で、その暮れから、週刊誌（スクリーン・ステージ新聞）の芸能記者となる。志ん生さんが大連から帰ったのが、二十二年一月で、すぐ寄席に出たから、これからは歩調を合せるかのように、よく接することが出来た。

たしか、二十二年の秋だった。

寄席の禁演落語の会で、志ん生さんはこんなマクラを振った。

「えー、あの阿部定てえご婦人が、長いおつとめを終えて出て参りまして、都電の車掌になる。そうしてチンチーンと紐を引っ張っておいて、まだ切ってない方は、切らしていただきまァすというと、乗っていた男の客が、みんなあわてて前をおさえた……」

ドーッと笑いが起り、私も腹の底から笑ってしまった。

阿部定は、あの二・二六事件の年、愛する男を情痴のあげく殺して、男の局部を切り取ったという事件の主人公で、戦時色の迫る暗い時代に、最も人間臭い事件を演じたという点で、戦時下はおろか、戦後まであまねく天下に知れわたっていた。たしか戦時中に出獄している。

その阿部定が「チンチーン」のあと、「切ってない方は……」「乗っていた男の客が、前をおさえた」などは、まさに艶笑コントの傑作である。「チンチーン」が、すごくきいている。この話を、あとで志ん生さんに話すと、

「あれは、ワシが作ったんですよ」

といった。志ん生さんは優れたコント作家でもあったのである。

朝太ひとり旅

志ん生さんにきいた、もっともいい話、もっともドラマチックな話を一つ。

若いころ……おそらく朝太の時代であろう。小円朝一座で旅に出た。

小円朝は当時、三遊派の頭取をつとめた大看板であったが、ちょっと協会にごたごたがあり、責任をとっての旅回りということらしい。前座がひとり足りないからと、朝太がかり出されたのである。

旅先で、師匠円喬の訃を知り、体中の水分がなくなるほど泣く。旅が一年半ほど続くが、ドサ回りはどこも客が入るとは限らない。ご難が続く。

そのうちに、「いい加減に、東京に戻っておいでよ」の手紙が来て、小円朝一行は帰京ときまる。朝太も、「お前も、一緒に帰るんだろうね」ときかれる。朝太は考える。

帰っても師匠（円喬）はいない。このまま小円朝の弟子になるのは気が向かない。多少芸に自信みたいなものも生まれて来ている。ここでひとり旅をして、いよいよ困ったら東京に戻ればいい。

友達の窓朝（円生の弟子）に相談してみると、「ひとり旅も面白いもんだぜ。でも大変だけどもなァ……」という。「面白いもんだぜ」と「大変だけどもなァ……」を両天秤に掛けて前者を選ぶ。

「それじゃァね、しっかりおやりよ。でもね、身分が前座のままでは通りもわるかろうから、わたしが許すから、これからどこへ行っても、東京の二ツ目ってえことにしたらいいよ」

と、小円朝から餞別《せんべつ》と一緒に、特別に「二ツ目」をもらう。こうして、朝太ひとり旅がはじまる。

甲府の稲積亭という席に、無理をいって出させてもらった。旅芸人はいろいろあり、時に一緒になったり、別れたりがある。そのときも奇術があったり、浪花節があったりして、かなりにぎやかで、東京の二ツ目というので、朝太がトリをとる。

落語では前座のはなし、二ツ目のはなし、真打のはなしがあり、前座や二ツ目で大きなはなしをやると叱られるが、田舎なら大丈夫と、「甚五郎の大黒」を演る。名工左甚五郎が、三井の本家から頼まれて、大黒を彫る。はじめは風采が上がらないから、江戸の大工に馬鹿にされるという人情ばなしで、真打のトリの演題である。これがすごく受けた。

すっかりいい気持ちになって、楽屋で茶を飲んでるところへ、その席で下足番をやっている、七十がらみの汚い爺ィがやって来て、

「朝太さん、今夜おやんなさった甚五郎ですが、まことに失礼ながら、あァやっちゃァいけませんよ」

と、いきなりそういう。相手が相手だけに、

「あァ、そうかい」

と、軽くいなす。

「怒っちゃいけませんよ。生意気いうようだが、左甚五郎てえ人は、変人ではあるが、与太郎じゃない。失礼だが、お前さんの甚五郎は、どうしたって与太郎だ」

ぶんなぐってやりたいような衝動をおさえて、

「爺さん、なかなか通だね」

と皮肉ると、

「エヘヘ、通だなんていわれると困るが、あたしも、実は、むかしお前さんと同業だったんだよ……」

「えッ！」

爺さんの身の上ばなしによると、四代目三升家小勝（狸の噺《はなし》を得意としたので、渾名をたぬきの小勝といわれた人で、明治三十九年四月六日没、五十一歳。新派の伊志井寛の父）の弟子で、小常といった二ツ目のはなし家だった人。

師匠が大阪で亡くなってから、ひとりで旅回りしているうちに甲府に住みついて、いまここで下足番をしているのだという。

「お前さんも、早く東京に帰って、いいはなし家におなんなさいよ。ひとつ間違えると、あたしみたいになっちゃうよ」

と、意見までされてしまった。とわかると、先輩と後輩。改めてその小常爺さんの家まで、「甚五郎」を教わりにゆく。

畑の中の一軒家で、ひとり暮らし。ひろい畑があって、鳴子の縄が家の中まで引っ張ってある。どうやら、そいつを引っ張って、雀を追っ払うのが昼間の仕事らしく、夜になると寄席の下足番に雇われている。

爺さんは、「甚五郎」を教えているうちに、ひょいと立っては縄を引きながら、また教える。人に教えるだけあって、そりゃァ結構なもので、結局これが、志ん生の「左甚五郎」のもととなった。

もし、志ん生の一生がドラマになるならば、このシーンは絶対に入れたい。

このひとり旅は、いろいろな珍談も生む。

ちょうど暮れにぶつかって、浜松の寄席に泣きついた。めでたい初席が来るのに、着るものがない。そこの席のおやじの着物を借りてつとめる。なにかにぎやかなネタがいいだろうと、「ガマの油」の一席をかける。ガマの油売りが酔っ払って商売をするから、刀で手前の腕を切ってしまい、ガマの油をつけるが、さっぱり血が止まらなくなってしまうという、おなじみの爆笑篇だ。

年は若いし、張りがあるから、ワアワア受ける。得意満面で迎えた三日後、朝の起きぬけに、人相の悪いのが、ドカドカと四、五人やって来て、

「やいやい、『ガマの油』をやったはなし家てえのは、てめえだろ?」

「へえ、さようで、おかげさまで大層受けました」

「やかましいやい、俺たちはな、本もののガマの油売りで、いま浜松で商いをしてるんだが、元日の夜はバカに売れたのに、二日目からはさっぱりいけねえ。どうもへんだてえんで調べたら、てめえがこんなところで、ゴジャゴジャいいやがったおかげで、ガマの油はさっぱり効かねえことになっちまったんだ。さア、どうしてくれる！」

これには朝太おどろいて、いくらかのあがりを包んで、お引き取りを願ったという。

また、ご難の旅で、一銭もない。あちこちのめし屋の前へ行って、「すみませんが、ひとつ都々逸かなんか歌わせて下さいよ」と頼んで、十銭、二十銭をもらって、腹の足しにして、ひたすら歩く。

芋を二銭、せんべいを三銭買っては、かじりながら歩き、東海道の掛川まで来たとき、炎天下で目が回る。腹はへる。金はない。たまりかねて、一軒の宿に飛び込み、夕めしをかっこんで、死んだように寝る。朝になっての食事も一粒残らずたいらげたところで、

「実は、おあしが足りないんです。足りないどころかまるでありません。あたしは東京のもんだけど、帰ったらじきにお届けに上がりますから、しばらく貸して下さい」

と頼んだが、世間はそう甘くはない。警察へ突き出されて、留置場へ放り込まれた。

そのころ街道筋には宿屋荒らしがあって、警察が手ぐすね引いて待っているところだったから、「こいつに違いない」というのも運が悪かった。

臭いメシを喰っては寝、喰っては寝しながらも、落語の稽古は欠かさない。そこへ一人、凄そうなのが入って来た。何でも土地のやくざの親分で、喧嘩かなんかしたらしい。そんなことで、すっかり心安くなる。

「おめえ、商売は何んだい？」

「へえ、東京のはなし家なんですが、実はこうこう……」

といきさつを話す。

「ふーん、そんな大物と間違えられたとは気の毒だ。はなし家なら、ひとつ俺に聞かせろ」

というので、ちいさな声で落語を二席ばかり。親分のおおきな笑い声に、係が飛んで来た。

「ああいうところで演る一席は、あまりいいものじゃない……」

と、志ん生さんは、笑いながら話してくれた。

贅沢なお座敷

志ん生に『びんぼう自慢』という自伝があり、毎日新聞社版と立風書房版の二つがある。

毎日は昭和三十九年四月に出て、自伝の中に「火焔太鼓」「茶汲み」「三軒長屋」「疝気の虫」の落語四本を収録、フォノシートとして「蛙の遊び」が付く。

立風は、その改訂版で、落語速記が消え、その分だけ自伝のスペースが充実している。この二つの『びんぼう自慢』には、私も深いかかわりを持つ。ゴーストライターというのは、あまり好きでない言葉だが、実は私はその代筆屋をつとめた。

この本が世に出るまでには、こんないきさつがある。

昭和三十七年、『サンデー毎日』では、主に芸能人を中心とした読物を、四、五回の連載で載せ、評判を呼んでいた。

毎日新聞はわが母校（私は東京日日新聞の記者の時代があった）なので、編集部にも顔見知りが多くいた。そのうちの一人の編集者が、

「暮れだから、びんぼう話を載せたい。誰がいいだろう」

と聞く。私は即座に、古今亭志ん生をあげた。そして引き受ける羽目となる。早速、西日暮里三丁目の、志ん生家を訪れる。志ん生さんが読売巨人軍の優勝祝賀会の会場で脳出血で倒れたのが、三十六年の十二月。おどろくべき回復力で、そのほぼ一年後には、新宿末広亭から復帰第一声を放っている。

その復帰に備えてのリハビリ中で、すごく元気、笑顔一杯でインタビューに応じてくれる。五回連載の第一回は、三十七年十二月二日号。書き出しは、

えー、貧乏の棒がだんだん太くなり、ふり回されぬ年の暮れかな……、なんてえ歌がございますが、これから師走になりますてえと、貧乏神のほうもいろいろと忙しい。

「おう、兄弟ェ、また仲良くしよう」なんてんで、気安く肩なんか叩きゃがる。あァいうもんとは、あんまり友だちや親戚にならないほうがよろしいようで……。

そうして笹塚からの夜逃げの話、業平のなめくじ長屋の話、円生と二人の満州での放浪記など、かなり盛りだくさんで、連載は幸い好評だった。

「アレ、本にならないかい」

と、こんどは毎日新聞社の図書編集部から話があり、また私の西日暮里通いが始まった。まだテープレコーダーなどという文明の利器が普及しない前で、もっぱらメモを取るという、古典的な取材方法となった。

速記者だけは、商売柄、小型のレコーダーを用意していて、落語はそっくり録音する。奥の八畳間でちゃぶ台をはさんで、私と速記者の二人が、志ん生十八番の四席をタップリ聞く風景など、いま考えると、実にこの上ない贅沢《ぜいたく》なお座敷であった。

志ん生さんはすっかり体調も良くなり、しょっちゅう仕事で外出がち。取材は三十八年も春から夏にかかるころで、先様の都合優先で、何回も繰り返された。

ふつう、インタビューというと、一問一答のキャッチボール方式で進むものだが、志ん生さんの場合は違っていた。

こちらで、たとえば、

「あの関東大震災（大正十二年九月一日）のことをひとつ……」

と、あらかじめテーマを出すと、

「えー、関東大震災てえものは、こないだの戦争の、あの空襲とドッコイドッコイてえくらい怖かった。空襲に丁と張る人がありゃァ、あたしゃァね、震災のほうに半と張りたいくらいですよ。あたしは、家にいて、あの地震にぶつかったんです」

という具合で、十五分でも二十分でも続く。私はその独演会を黙って聞いている。

そして聞き終えたあと、

「そのときは、東西会（落語東西会）で、たしか、馬きんのときでしたね」

「うん……」

「お宅は、本郷の動坂で……」

「そうそう……」

「どこへ、逃げました？」

「逃げるもなにも、あわてただけ……」

「そのとき、美津ちゃん（長女）は？」

などと、ようやくやりとりになり、おかみさん（りん夫人）が、側で、

「美津子がお腹の中にいたときでしたよ。生まれたのが翌る年（大正十三年）の正月でしたから……」

と助っ人してくれる。

落語家という職業柄、題を出されたものを何分以内に納める、ということには慣れていても、一問一答は漫才のようで、志ん生さんにはむしろ苦手であったように思えた。

それにしても、あのときテープレコーダーを持っていたら……と考えると、かえすがえすも口惜しい。

出版記念会

毎日新聞社の『びんぼう自慢』が出て、売れ行きも好調で、志ん生さんも元気回復ということで、ひとつ出版記念会を兼ねて励ます会をやろう、という声がニッポン放送からあがる。志ん生さんは同局の専属であった。場所も決まった。

「日は（昭和三十九年）五月十七日、午後一時から。ところは人形町末広。会費千円。発起人は小泉信三、鴨下晁湖、安藤鶴夫、桂文楽、高原四郎、小島貞二」

といった案内状が、関係者に行きわたる。

当日はほとんど満員。安倍能成、渋沢秀雄、徳川夢声、柳家金語楼、加東大介などお歴々の顔が客席にある。実に愉快な、二度とないような、いかにも志ん生好みの、変った出版記念会が、そこで繰りひろげられたのだ。

高座の前に、ドカンと「菊正宗」の薦被《こもかぶ》りの四斗樽が一つ。菊正は志ん生さん専らの愛飲酒。この席一番の上客は酒というご趣向とみえる。幕があくと、白い絹地に墨絵の富士。左肩に「古今亭志ん生さん江」とあるが、よく見ると、志ん生の「生」の字だけが、妙に太く大きい。この幕にはこんないきさつがある。

志ん生が二度目の「志ん馬」を襲《つ》いだとき、作家の宇野信夫氏が生地を贈り、それに鴨下晁湖画伯が富士を描き、連名で新しい門出を祝した。昭和七年正月のことだ。

そして馬生（二度目）を終え、志ん生を襲いだのが昭和十四年三月、また後ろ幕の必要に迫られるが、金がない。その幕を晁湖画伯のところへ持ち込み、「馬」の上を「生」になぞってもらった。幸い質草にもならず、空襲の禍にも遭わず、タンスの中にあった。それが、この日の晴れの舞台に役立ったというのだ。

会は二部構成で、第一部が演芸。馬の助の司会で、まず、次男強次（志ん朝）が前座で「野ざらし」一席。次いで長男清（馬生）が「たがや」。そしてゲスト出演の岡本文弥（四代）が、新内「なめくじと志ん生」。さらに次女の喜美子（三味線豊太郎）が加わり、長男、次男の小唄振り。

長女の美津子さんはマネージャー役だから、舞台には出ない。おかみさん（りん夫人）は晴れがましい席は苦手と家にいる。

お目当ての志ん生が、晴れ晴れとした表情で登場。思い出の富士の絵を後ろに、喉の友の酒を前に、「火焔太鼓」をたっぷりと心行くまで演じて、第一部を終わる。

そして第二部。樽が抜かれ、弟子たちが薬缶《やかん》に入れた酒を、それぞれの茶碗についで回る。志ん生は下手桟敷の一番前に席を移し、乾杯の前にもう左手を動かし、ご機嫌の上にもう一つご機嫌な顔を、客席に向けている。

挨拶がつぎつぎに繰りひろげられるが、あまりに数が多すぎて司会者のほうが混乱する。終いには誰も聞いてはいない。私はもうないであろうと、天ぷらを一つつまんで、何杯目かの茶碗をキユッとやった途端指名が来た。まことに悪いタイミングだ。仕様がない。ポケットから、昨夜寝ながらメモした、「火焔太鼓」と題した、こんな歌を読みあげてお茶を濁した。

〽古い太鼓を
　バーンバン

ほこり払えば
ドーンドン
ドロンドロローン
こりゃこりゃ道具屋
その太鼓
殿のお耳に入ったぞ
へーえ　エへへへ
おそれ入谷の鬼子母神

〽むさい太鼓を
ボーンボン
背負って参上
ドーンドン
ドロンドロローン
ひかえろその方

その太鼓
もとめつかわす三百両
とーほ　トホホホ
ありがた山のほととぎす

〽火焔太鼓で
テーンテン
こんなもうけが
ドーンドン
ドロンドロローン
ちょいとかかあよ
この次は
半鐘買おうぜ叩こうぜ
あーら　アラララ
それじゃオジャンに成田山

誰も聞いてないと思ったら、若者が一人寄って来て、「どこどこの落研《おちけん》の者です。よろしかったら、今の歌詞、下さい」という。「どうぞ」と渡してしまったが、どこの大学の落研か、いまだに思い出せない。

幸いメモが残っていたので、恥ずかしながら初の公開……。

りん夫人の涙

立風書房版の『びんぼう自慢』には、またこんないきさつがある。

毎日版の出版記念会のあとも、ちょいちょい志ん生宅にお邪魔していたが、三年ほどたったある日、

「あの本、もうありませんかね。弟子にいってあちこち探しているのだが、どこにもありゃしない……」

と志ん生さんがいう。

出版記念会のあと、第二刷をたしか二百部ほど持ち込んであったはずだ。気前よく何でも人にくれてやる癖のある志ん生さんのこと、仲間やお客のお世辞ごとになくなったのだろう。いまは夢中になって探し求めているというのである。

そういえば、私もサイン入りを一冊もらって、宝物にしている。

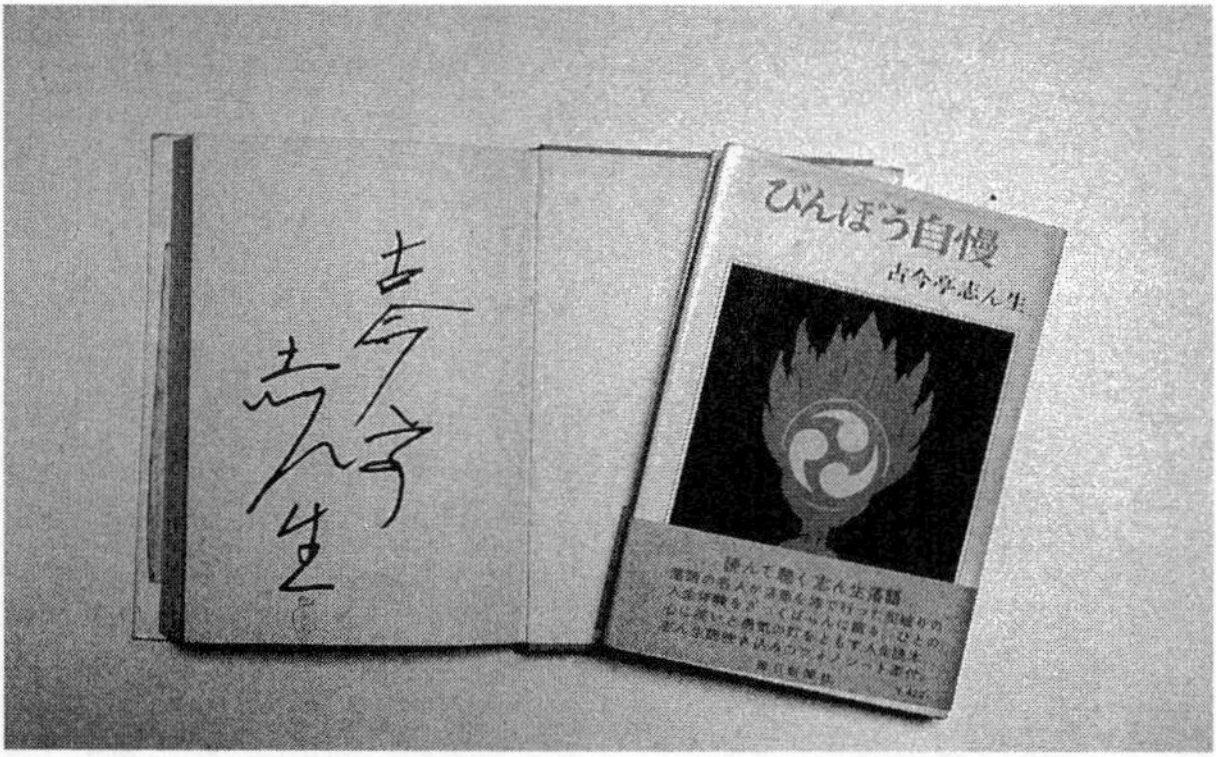

毎日新聞社刊『びんぼう自慢』（昭和39年4月）と志ん生自筆のサイン

太書きのマジックペンで、まだ自由のきく左手で、「古今亭志ん生」と署名、下に徳利の中に「志ん生」と三文字の入った印がポコンと捺してある。目の前で書いてもらったのだから、間違いなくホンモノだ。懇意の古書屋のオヤジが、こいつを狙ってかなりの高価をつけたが、誰が売るものか。

「出版社へ行って、聞いて来ましょう」

と約束して、毎日新聞社に聞いてみると、何と増刷の予定はないという。

「それなら、権利をもらえませんか」

「ああ、いいでしょう」

と、まるで嘘のよう。

一方、立風書房はその頃、落語本に力を入れていて、売り出し中の新参の出版社。

友人の能見正比古氏（のちに血液型研究家となる）が編集部にいて、前から「あの本何とかならないかね」と、打診をくれていた。

立風は欲しいという。毎日は要らないという。これなら話もまとまり易い。これが立風の『びんぼう自慢』の出発点となる。

報告に行ったとき、志ん生さんは、

「前の本、三つほど直したいところがありましてね……」

と、ポツンという。

「え、どこです！」

と、聞いてもいわない。教えてくれない。

新しい取材のスタートは、忘れもしない昭和四十四年四月四日、というまさに四の字尽くしの日であった。日暮里駅の坂の上の墓地のあたりの桜が満開の日であった。

再取材には七、八回通ったが、そのときはもうテープレコーダーが普及していて、志ん生家にもあり、私のところにもある。私はオープンリールを持って通えば良かった。

ただ、志ん生さんの体調は、午前と午後が駄目で、昼どき前後の一時間かせいぜい二時間程度をよしとした。それも日によって微妙に変化する。

志ん生さんは、「うん」とか「いやァ、それは……」とか、あまり多くはしゃべらない。おかみさん（りん夫人）とか美津子さんが、脇から助っ人してくれる。時間は短い。前の本の取材であらかた聞いているので、同じことを聞くのは野暮。

私は、

「前の本で、三つほど……」

が、妙に気になって、さぐりながら打診してみるが、結局、わからない。

落語の師匠が、弟子や若い人に稽古をつける場合、一度教えて復習《さら》ってはやるが、あとは自分で工夫しろ、わからなかったら人のを盗め、と指導する。その「工夫して考えろ」と、教えてくれているのだなと、私は理解した。

その何日目かに、こんなことがあった。

昼のテレビで馬生が一席演って終わり、志ん生さんが、「うん、志ん朝もよくなった」とつぶやいた。「あら、いまのは馬生ですよ」と美津子さん。

「志ん朝だろ」

「いやですよ、馬生ですよ」

という、小さな揉《も》め事である。志ん生さんに軽いボケを見た。こんなこともあった。

笹塚での極貧時代を聞いた。志ん生さんとりん夫人が並んで座っている。

「ええ、その時分はてえと……」

と、志ん生さんが、訥々《とつとつ》としゃべりはじめたが、あちこち脱線してまとまらない。

「そりゃァ、違いますよ、あのときはね……」

と、りん夫人が、じれったいよといった調子で、話を横取りして、笹塚のころの思い出を話す。おかみさんも明治生まれの下町っ子。チャキチャキの下町言葉で話す。しばらくたつと、そのりん夫人の声が急に涙声になり、ドーッと泣き出した。しばらく呆然とする志ん生さんと私。

「おいおい、泣くなよ。みっともないよ……」

志ん生さんが、りん夫人の袖を引く。

私は思った。りん夫人は志ん生さんと苦労をともにして、やがて〝天下の志ん生〟を作り上げた。夫人の内助の功がなかったら、いまの志ん生はない。功成り名を遂げて、何の苦もない楽隠居の立場にあるいま、笹塚での貧乏のどん底時代を思いだし、あまりの段差に、思わず涙になってしまった。私は、前に聞いているそのことを、もう一度、聞くべきではなかった、と。

「替り目」（別名・元帳《もとちょう》）という落語がある。亭主は飲ン兵衛で、かみさんのことをいつもボロクソにいって、こき使うが、心底はいつも感謝して、愛しているという、ほのぼのとした一席だ。

この落語こそ、まるで志ん生とりん夫人の実像ではないか。

私の目とマイクの耳が、その美しい夫婦愛を見ていた、聞いていた。

こうして、立風の『びんぼう自慢』が、改訂版として世に出たのは、昭和四十四年の九月であった。

「お読みになって、いかがでした？」

と、読後感を聞いたとき、

「うん、ありがとう」

と、志ん生さん。三ヵ所の間違いも、どうやら直っていたらしい。

その「ありがとう」のあとで、志ん生さんが、ひとこと、つぶやくように漏した。

「あたしはね、はじめは円盛のとこにいたんですよ」

「え、円盛って、あのイカタチの円盛ですか？」

「うん……」

こちらが聞きもしないのに、志ん生さんのほうから出たひとこと。私は飛び上がるほどに驚いた。

最初の師匠

「あたしは、はじめ円盛のとこにいたんですよ」

「えッ、あの、イカタチの円盛の？」

「うん……」

　私が飛び上がるほどおどろいたというのは、全くの初耳で、円盛は〝奇人〟で知られてはいるものの、二流の落語家で、ほとんど無名といってよい。

　志ん生さんは『びんぼう自慢』の中でも、名人といわれた橘家円喬（四代目）の弟子だといっている。最初の名が三遊亭朝太であったこともはっきり語っている。朝太は円喬の最初の名。出世名前である。

　私も、最初の『びんぼう自慢』（毎日版）取材の折、そこのところを二、三度確かめたが、忘れてしまったのか、思い出したくないのか、多くを語ることはなかった。

志ん生さんのいう「名人円喬の弟子」で、そのときには原稿を統一したいきさつがある。自伝の聞き書きは、誰の場合もそうであるが、ご本人の記憶や記録を大事にしなければならない。

そこへ、いきなり〝奇人円盛〟が、最初の師匠として飛び出した。それもこちらが何も聞かないのに、志ん生さんがポツリと告白のようなひとことだから、驚いて当り前だ。

●**落語入門**

志ん生さんのプロへの道を辿《たど》ってみる。

子どものときから手のつけられないワルで、小学校（当時は四年制）の卒業間際に退学してしまう。父親は当然のように奉公に出すが、どこも腰が落ち着かない。中には店に預けて、やれ安心と親が家に帰ってみると、もうそこには子どものほうが先に帰っている、というようなこともあったらしい。

海を越した遠いところならよかろうと、頼んで朝鮮の京城（現・ソウル）の印刷会社へ小僧として送り込むが、これもすぐ脱出して帰って来てしまう。

十四歳のとき、家が下谷区下谷北稲荷町（現・台東区東上野）から、浅草区浅草新畑町四番地（現・台東区浅草一丁目）に移る。

そこが志ん生さんの本籍となる。
十五、六歳で酒を飲み、タバコも覚え、博打、女郎買いにも手を出し、放蕩の日が続く。父の美濃部戌行《もりゆき》は、もとレッキとした旗本で、維新後は棒（巡査）をつとめている。ちょうど今なら警察官の悴が、札付きの不良少年という構図に似ている。代表的な断絶親子といってよい。父が宝物にしていた煙草入れを持ち出して、売りとばしたことが逆鱗《げきりん》に触れ、いきなり長押《なげし》の槍を取って、
「成敗致してくれる、覚悟ォ！」

と、リュウとしごく。旗本時代の槍一筋の家柄だっただけに、その気迫は本物だ。

「お逃げ！」

母の志うが叫ぶ。孝蔵の志ん生は、横っ飛び逃げる。猿股ひとつだったという。

父の怒りは頂点に達し、母の悲鳴は絶叫であった。孝蔵はそれっきり、実家に戻ることはなかった。そして、顔見知りのモーロー俥夫をやっている清さんの居候になる。

清さんの家は浅草の富士横丁。さほど遠いところへ逃げたわけではない。ブラブラ、

グズグズの生活が二年ばかり続く。もともと口が達者で芸事好きの志ん生さんは、噺家になりたいと思う。

清さんの友だちが、名人円喬お抱えの俥夫をしているから、きいてもらうと、「よかったら、おいでよ」と、色好い返事が来る。

そこで弟子入りして三遊亭朝太の名をもらう。それが十八歳のとき。というのが『びんぼう自慢』の中の、志ん生談話である。そのブラブラ、グズグズの生活が「二年ばかり」というところに、どうやら円盛がちらつく。

以下、私はこう推察する。

毎日遊んでばかりではハカがゆかない。さほどの期間ではないが、御徒町《おかちまち》の鼻緒屋に奉公したことがある。そのころ芸事に夢中になり、天狗連（アマチュア、セミプロごっちゃの芸自慢）に入り、そういうグループを仕切る三遊亭円盛の内輪になる。そのときの芸名は盛朝。かなり達者で評判もいい。本格的にプロの道に入りたいと願うようになり、円盛に相談すると、

「じゃあ、ウチの師匠に頼んでみよう」

と、円盛の師匠、小円朝に紹介され、そこに入門する。

入ってみたが、師匠との折り合いがあまりよくない。寄席できく円喬の名人芸に惚れ込んで、「師匠はこの人だ」とのめり込む。あるいは、小円朝の許しを得て、人形町の玄冶店《げんやだな》に住む円喬のところに通い、身の回りの世話をしながら、稽古を受けたことが、一時期あったのかもしれない。円喬の没は大正元年十一月二十二日、数えの四十八歳だから、志ん生さんが円喬に接したのは、さほど長くはない計算になる。円喬没後改めて小円朝門下に転じたのかもしれない。


のちの九代目土橋亭里う馬は、その円喬の最晩年の弟子で、初名を喬松といった。

「志ん生さんは、円喬の弟子だったことがあるんですか」

と生前、里う馬に聞いてみたが、笑ってイエスともノーともいってくれなかった。

三代目の三遊亭小円朝は、二代目小円朝の実子。志ん生より二つ年下で、十六歳で父に入門、初名を朝松という。

「志ん生さんは、円喬の弟子だったといっていますが、本当は、お父さんの弟子で、師匠とは兄弟弟子でしょう」

と、きいたことがあるが、これもはっきりと返事をしてもらえなかった。

功成り名を遂げた〝天下の志ん生〟に対し、仲間うちで否定的なことは絶対のタブーと、私は理解した。

志ん生さんのプロとしての最初の師匠は円喬なのか小円朝なのか、幻の中にある。

●イカの立ち泳ぎ

さて、志ん生さんが、最初の師匠だったという三遊亭円盛は、〝寄席奇人伝〟の中でもトップクラスに入る奇人であった。体は小さいが、頭がやけに大きい。頭に合う帽子がないのでいつも持って歩く。年中インバネスの外套を着て、左手にその帽子、右手にステッキという出立ちが、まるで〝イカの立ち泳ぎ〟のようだというところから、〝イカタチ〟という渾名が付いた。命名は仲間うちで渾名を付ける名人、四代目の柳家小さんだったらしい。

端席（場末の寄席）でトリを取るくらいの芸の持ち主で、槍さびで丸橋忠弥を踊るのを売りものにした。

出番が近くなると、「次、お願いします」と前座の声で、やおらふんどしを締め直して出てゆく。ふんどしがいつもゆるいから、尻まくりして踊ると、チラと逸物を出してしまうことがある。

あるとき、四谷の若柳亭で、いたずら好きの小さんが、前座に耳打ちして、いきなり「出番です」と告げさせた。あわてて上がった円盛のふんどしがゆるく、見事〝丸出し忠弥〟を演じてしまったから、客席も楽屋も大爆笑。本人は芸が受けたと得意顔で下りてくると、席亭が楽屋へすっ飛んで来て、

「ダメだよ。お前さんは、もうウチへ出ないでおくれ」

と、たちまち失敗《しくじ》った。

当時、若柳亭の席亭は女性で、人形町末広の席亭と並んで「二人婆さん」といわれたほど、うるさかった。

出演中、帯にはさんでいた目覚時計がいきなり鳴り出して、失敗ったこともある。小金を貯《た》めて、仲間に貸すようなこともやっていたという。

粋な客がいるもので、ある日、八百善から円盛にお座敷がかかった。円盛すっかり喜んで、得意の槍さびを踊るつもりで、インバネスと帽子とステッキで身を固め、両手の指に、四本ずつ指輪をはめ、むろんふんどしも新しいのをキチッと締めてという、飛びっきりの出立ちで出かけて行くと、客の注文は、芸ではなく、「そのままのナリ

で、庭を歩いてくれ」というのだった。

つまり、噂にきく、イカタチぶりを見たかったのである。

八百善の庭を歩いただけで、出演料をもらったのは、円盛だけだろうと、しばらく仲間うちの評判になった。

そういう奇人である。志ん生さんとしても、これを最初の師匠とは、とても人にいえなかったのであろう。

第二章

あとはおつりの志ん生

双葉山と飲みっくら

たらちめの花嫁

志ん生さんとりん夫人の結婚式はいつ？　聞いてみたが二人とも覚えていない。

「あれは、関東大震災の……一年前」

というから、大正十一年になる。

「たしか、酉の市のあったときですよね」

というから十一月になる。あとは、忘れてしまったという。

志ん生さんは、明治二十三年六月二十八日生まれ（戸籍）で三十二歳、りん夫人は明治三十年九月五日だから二十五歳と七つ違い。志ん生は寅で二黒の土星、りん夫人は酉で四緑の木星。二黒と四緑は相性でいうと、大凶になるはずであるが、この夫婦はそれをウソにしてしまった。

下谷清水町（現・台東区池之端）の床屋の二階にゴロゴロしているとき、竹さんという人がやって来て、

「そろそろ、かみさん、もらいなよ」

という。竹さんは高田馬場で運送業をしている。その隣りに、年ごろの娘がいるという。気立てはやさしいし、働きもので、近所で評判の娘で、名前はりんという。埼玉県の児玉町の農家の出で、父親は亀次郎。りんが十二の時に、親子で東京に出て来て、南千住の紡績工場で働いていて、いまは学生相手の下宿をやっている。

「うん……」

志ん生はいいとも悪いともいわない。その「うん」を承知と受けとったのだろう。その竹さんの世話で、おりんさんは輿入《こしい》れしてくる。

輿入れの前に、一度、竹さんとおりんさんが、揃って来たことがある。

そのとき、志ん生は前から出来ていた女と同棲みたいなことをしていた。そこへ突然のご入来だから、おどろいたのなんの、女を押入れの中にかくす。

あとでわかったことだが、りんさんは押入れに女のいることがわかっていたというから、女の勘はすごい。竹さんは知らなかった。

ある日、志ん生が寄席から帰ってくると、そこにおりんさんが、ピョコンとかしこまって座っていたという。結婚式みたいなことは、何もなかったことになる。紡績工場で働いて貯めた小金と、箪笥《たんす》の中には着物がぎっしりつまり、弾くのか飾りものか、琴まで持って来ていた。

そのあくる日、悪い友達が早速やって来る。

「おい、モートルやらないか」

と、仲間の符牒《ふちょう》でいう。

「モートルだそうだ。いくらか小遣いおくれよ」

と、出掛けてゆく。モートルとはバクチのことだというのを、おりんさんはあとで知る。

次の日、別の仲間が来て、

「おい、チョーマイに行かないか。いくらかゼニあるだろう」

チョーマイとは「蝶舞い」と書く。蝶々が女と舞い遊ぶところから出たという楽屋符牒で、早くいえば女郎買いのこと。そうとは知らないりん夫人は、仲間の勉強会か何かと思い、財布からの小銭を握らせて、下駄を揃えて、「行ってらっしゃいませ」

と送りだす。

こういう風だから、二月もたたないうちに、床屋の二階に残ったのは、空の箪笥だけとなった。

そのころ、おりんさんの母親がやって来て、何もかもなくなっているのを見て、

「お前、帰るかい。帰って来てもいいんだよ」

と、サメザメ泣いた。そのとき、おりんさんは毅然といったという。

「いいえ、いいんです。わたし、我慢します……」

以来、死ぬまで我慢を通したのであった。

その我慢はひと通りやふた通りではない。

りん夫人は手先が器用で仕事が早いというので、よく縫い物を頼まれた。座敷中いっぱいにして仕事をしていると、一枚二枚となくなる。泥棒ではなく、志ん生がちょいと借りて、質に入れていたのだ。

馬生が生まれたあと、遊びすぎて下のタマが腫れてきたことがある。「氷を買って来てくれ」といわれて、りん夫人が買いにゆくが、なかなか氷屋がみつからない。近所の魚屋で分けてもらって帰りしな、あまりみすぼらしいので、お巡りがあとをつけ

て来て、家の中までのぞいて行った。

家で花札トバクをやり、えらいもうけたことがある。「しめた！」と思っているとき、さっきの相手が「おい、もう一度、札を見せろ！」とやって来た。「やばい！」と思ったりん夫人は、いきなり便所に放り込んで、ひっかき回した。そこまで気のつかない相手は、ブツブツいいながら、帰って行った。

巣鴨のとげぬき地蔵に、おりんさんは願をかけたことがある。飲む、打つ、買うの三道楽のうち、どれでもいいからトゲを抜いてもらいたいという願いである。

寒い日、馬生をねんねこで背負って、地べたに鼻緒をすげたような下駄で、せっせせっせと歩いているうちに、ツルルッとすべってころんだ。背中の子をかばったあまり、足をくじいてしまった。「トゲはやっぱり抜かないほうがいいんだ」と、そのとき思ったという。

初めは「たらちめ」の花嫁さんのようであったりん夫人も、やがて「火焔太鼓」のおかみさんのように逞《たくま》しくなったが、「子別れ」の女郎上りのかかァのように、家を出てゆくことはなかった。

きょうも桃太郎

志ん生家は、四人の子宝に恵まれた。

長女が美津子さん。大正十三年一月十二日生まれ。次女喜美子さんが大正十四年十月七日生まれ。

長男清が昭和三年一月五日生まれ。次男の強次が昭和十三年三月十一日生まれ。喜美子さんはのち三味線豊太郎、清はのち十代目金原亭馬生、強次は三代目古今亭志ん朝であることは誰もが知る。

長男が生まれたときは、笹塚で貧乏のどん底。まさに世話場の最中であった。

前の二人のときは、わりに軽くスイスイと生まれたのが、このときはりん夫人がろくに食うものもないときだけに、えらい難産でそれも寒いさなか、産婆さんは、大汗をかいて取り上げた。

この長男誕生のときの、志ん生さんのとった行動が、まことにおかしく、そして悲しく、切ない。

さて、生まれたものの、産婆さんに払うゼニがない。

「実は、申しわけありませんが、一文なしなんですよ。生まれちゃったものを、元の通りにするわけにはいかないでしょうから、ゼニのほうを待っていただけませんか」

いいにくいセリフだが、まず一番にそれをいうより仕方がない。

「なるほど、赤ちゃんを、もう一度、おなかに納めるのは無理ですから、あとで結構ですよ」

まことに物わかりのいい、良い産婆さん。

ゼニはなくたって、とにかく男の子が生まれたことは、めでたいに違いない。まかり間違って、総理大臣になったり、陸軍大将にならないとも限らない。

ともかくめでたいというので、布団の下からソーッと夫人の財布を引っ張り出し、表へ出て中をのぞくと、五十銭ばかり。これじゃ何もめでたいことは出来やしない。

「はて」と弱ったが、駅の通りに鯛焼き屋がある。「およげ！　たいやきくん」のあの鯛焼きだ。そいつを買って帰って、

「まァ、ほんのお祝いのしるしです。尾頭付きを召しあがって下さい」

と、番茶とともに出す。尾頭付きにはかわりない。あとで、産婆も、

「わたしもずいぶん、あちこちのお産にいっているけど、こんなのは初めてだよ」

このときの志ん生さんは、さすがに冷や汗三斗だったという。

そのころ、志ん生は寄席をしくじり、仕事がない。夫人が働きにゆく。洋食屋のようなところに勤めるが、朝早くて夜遅い。夜更けて帰ってくるときは、コロッケとかトンカツとか、燗冷《かんざ》ましの酒といった余禄がある。そいつを肴に一杯やるときの、楽しみといったらなかったという。

昼間は大変で、志ん生のほうが赤ン坊の守りをする。寝ていると思うと泣き出す。自分のおっぱいをいじらせたり、指を吸わせたりするが、泣きやまない。しようがないから、落語の稽古をしながら、あやしつづけたという。

夫人のほうは、小さい子どもを三人も抱えて、それこそ歯を食いしばっての我慢が続く。凄い我慢だ。

すぐ裏の原っぱに池があり、そこに赤蛙がいる。そいつをつかまえて来て、塩で味をつけて、焼いたり煮たりする。

「帝国ホテルで、厚いビフテキを食うより、よっぽどうめえんだぜ」

などと、子どもたちに食わす。パン屋へ行って、耳の固いところを買って来て、砂糖で味をつけて、

「ほうら、今日は洋食だよ！」

と、子どもたちに食べさす。親は湯か茶でごまかす。

子どもが熱を出したり、腹をこわしたりすると、ニンニクをすって、そのまま飲ます。泣き出す子どもの口の中に、アメ玉を放り込む、というようなこともよくやった。前に、インタビューの中で、りん夫人が思わず泣きだしたということを書いたが、このあたりに差し掛かったときだ。

考えてみると、こんな世話場の中で、よく夫婦別れをしなかったものだと思う。志ん生さんは、これほど尽くしてくれる女房に感謝し、不甲斐ない自分を責め、次への飛躍を考えていたときに当り、女房は、努力すれば落語で何とかなる人ということを他人《ひと》から聞き、夫を信じて、ひたすら我慢の態勢にあったときに当たる。

このかみさんがいなかったら、後世の志ん生さんは、とてもない。

次女の喜美子さんが、ひところ桂文楽のところへ、貰われてゆく話があり、近くま

で連れて行ったところ、火のつくように泣き出して、どうしようもない。しょうがないからと、連れ帰って、そのままダメになったという話もある。文楽家には、子どもがいなかった。

次男強次の志ん朝が生まれたのは、馬生になって、生活もやや安定し、住むところも〝なめくじ長屋〟から、浅草永住町（現・台東区元浅草）に、そして更に本郷区駒込神明町（現・文京区本駒込）の、三語楼の近くへと移り住み、次の年（昭和十四年）には、志ん生を襲ぐという、昇龍の勢いのときに当たる。

りん夫人のお腹が大きくなり、志ん生は落着かない日々が続く。どこへ行っても、「桃太郎」という落語を演ってしまう。

「師匠、きょうも、桃太郎ですか」

と、前座があきれるくらい、楽屋帳には「桃太郎」がならぶ。ほかのものを演るつもりでも、自然に「桃太郎」になってしまうというのだ。

ちょうど、産み月を迎えて、志ん生は名古屋の文長座にいた。高座に上がってやっぱり「桃太郎」を演って下りてくると、

「師匠、東京から電報です」

と、前座が渡してくれたのに、

「コドモハグンジンダヨアンシンオシナ（子どもは軍人だよ、安心おしな）」

と書いてある。三語楼からの第一報である。三月十日は陸軍記念日、その日に男の子が生まれたのだ。それに、文長座の初日だ。

間もなく、三語楼から、今度は手紙で、

ござんなれ　ここに日本の男の子

という、俳句とも川柳ともとれる句と一緒に、子どもに「強次」という名前までつけたと知らせてくれた。

これが、いまの志ん朝となる。

その手紙から三か月たった六月二十九日、その三語楼が没、六十四歳。

すぐ近いため、葬儀の日は、志ん生家はごったがえした。

放送ありません

志ん生さんはズボラで、あれは何年何月何日なんてことは、いちいち覚えてないというが、この二つははっきりと印象に残っているはずである。

大正十二年九月一日は、あの関東大震災だ。前の日、ちょっと本所のほうで仕事があり、あの震災記念堂の前を通りかかって、前のそば屋で一杯やっている。あくる日だったらと思うと、ゾーッとする。

当時、馬きんといった志ん生さんは、家で猿股一つで、座敷に寝っ転がって雑誌か何か読んでいた。朝から雨がパラパラと来て、いやに暑くるしい日で、その雨がパタッと止むと、今度は風になる。

「おてんとうさまと雨と風が、運動会やってるような、変な天気だなァ……」

と思った途端、グラグラグラーッと来た。裸電球が天井にぶつかってパチーン。

台所の七厘でメザシを焼いていたりん夫人が、あわてて火を消しながら、「お前さん、大丈夫かい」の声のその上から、タンスの上の鏡台がガラガラガッタン！　家鳴り震動で、たまらなくなって、志ん生はそこにあった浴衣をひっかけて、外へ出た途端、ふと脳裏をかすめたのは、

「いけねえ、まごまごしていると、東京中の酒が、全部地面に吸い込まれてしまうんではないか」

ということだったという。

「おい、財布かせい！」

と、帯を結ぶのももどかしく、夫人の財布をひっつかんで駆け出した。財布の中身は二円五十銭ばかし。いきなり飛び込んだのが近所の酒屋、主人とは顔馴染みだ。

「酒ェ、売って下さい」

というが、もう酒屋も商売どころではない。逃げ出すタイミングを狙っているところ。

「この際です。師匠、かまわねえから、持ってって下さい」

「二円五十銭しかありませんよ」

「ゼニなど、ようがすから、好きなだけ、飲んでって下さい」

そういううちに、主人はもう表へ飛び出している。しめたというので、ころがっている四斗樽の栓をぬいて、一升ますでグイグイグイ。いい酒だから、うまい。あんまりうまいからと、ついでにもう一杯、キューッ！

志ん生の酒は、たのしんで飲む酒で、一度に二升近くキューッというのはない。そうしている間にも、棚から一升びんが落ちて来て足下ではぜる。もったいない。まだ割れないのが、二、三本あったから、そいつを赤ン坊を抱くように大事に抱えて表へ飛び出る。

外へ出ると、余震が続く。酔いと余震のゆれがミックスして千鳥足。地面がゆれているのか、自分がゆれているのかわからない。

自然に、いい気分になって、「アー、コリャコリャ……」かなんか歌いながら家まで帰ると、かみさんは柱につかまって、しゃがみ込んでいる。

「わたしの身にも、なってごらん。わたしは身重だよ！」

とばかり、思いっきり、横っ面を張り飛ばされたという。後にも先にも、亭主に手をあげたのは、このときだけだったという。

このときの家は本郷の動坂で、家はかしいだが倒れはしなかった。

翌日、師匠の金原亭馬生（のち四代目志ん生）一家が、一家七人に犬まで連れて、

「焼け出されちゃったよ」

ところがり込んで来て、そのまま二階に居ついた。正月の餅を網に入れて、二階の天井につるしてあったが、非常食として、大いに役立ったという。

もう一つは、昭和十一年二月二十六日、あの二・二六事件の当日である。

この日、本所業平の〝なめくじ長屋〟から、浅草永住町へ移り住んだ。思い出の日である。

紙切りの林家正楽が、永住町に空家があるよ、越したらどうだねといってくれた。出掛けてみると、なるほど家らしい。よし決めたと、いろいろの手配をしたのがこの日であった。

待てど暮らせどトラックは来ない。雪のせいかなと思っていると、そうではない。軍の命令で車輛は通さないというのである。

ようやく、一台見つけて来て、引越しには成功したが、その夕刻にＮＨＫから放送

の仕事が来ている。

そのころ、放送なんてめったにある仕事ではない。身なりを整えて、愛宕山《あたごやま》まで出掛けるが、途中に土嚢《どのう》が一面に積んであって、兵隊がいて、

「これ、これ、通ってはならん」

とストップを食う。

「放送局へ行くんですが……」

「放送局かどこか知らんが、通ってはいかん、帰れ帰れ！」

と、けんもホロロ。放送局へ電話してみると、

「きょうは、放送ありません」

喜びとがっくりが同居した日として、志ん生さんは生涯忘れることはなかった。

紙入れの新さん

売れなくって、若くって、ひとり身で、親の援助など期待できないという落語家はみじめであった。志ん生さんも例外ではない。

前座になると、日に十銭もらえる。いくらものの安いころでも、十銭では酒はおろか、飯も食えない。東京の下町では、貸し二階がいっぱいあり、借りるのは簡単だがここでも敷金はいる。最低でも一つ三円ぐらいは先にいれないといけない。そういうときは、同じような仲間を誘って交渉する。

「あたしたちは、寄席へ出てゼニをもらうんだが、毎日毎日入るから、敷金と家賃を毎晩に割って入れるということにしたいが、いかがなものでしょう」

「へえ、よござんすよ。どうせ同じことですから」

と、引っ越すが、布団もなければ、蚊帳もない。ただ寝るだけ。

こういうところでも日に五銭か七銭はかかるから払えない。ドロンして次を探すことになる。

小円朝の弟子の清朝というのと仲がいい。下谷御徒町（現・台東区台東）の、豆腐屋の裏の、きたない二階家を、二人で借りたときにはおどろいた。

寝るときは、たしかに座敷の真ん中に寝るのだが、目が覚めると二人が隅のほうに溜っている。よく見ると、家そのものが傾《かし》いでいたのだった。

なんとゼニのない日は、夜になるのを待ちかまえて、吉原に繰り込む。吉原というと豪勢にきこえるが、遊ぶゼニなどあるわけがないから、夜っぴいて素見《ひやか》して歩いて朝になるのを待って、ゼニのありそうな友達の家へ寄って、

「ゆうべは、遊びに行って、いま朝帰りだ」

「そうかい、じゃア、朝めしでも食べてゆきな」

と、うまくゆくこともある。

というのは、『びんぼう自慢』の中で出ているが、こんなのもある。『週刊娯楽よみうり臨時増刊号』（昭和三十一年八月号）で、古今亭今輔、柳家小さん、一龍斎貞丈、三遊亭円歌、玉川一郎、それに古今亭志ん生が、ザックバランに青春時代を語り合って

いる座談会である。

「あたしがまだ二十三か四でね、ちょっときれいな時分だった。上野の鈴本の前に瓦せんべい屋がある。あそこの横丁を回ってね、左側にお湯屋があって、豆腐屋があって、豆腐屋と駄菓子屋の間に、鉄道の荷物を扱う人の家があってね、そこの三畳の座敷を借りたことがあるんですよ」

と、かなり細かい描写が入る。二十三、四といえば、志ん生さんも、ちょっと小綺麗になったころだ。

そこの隣りに、人さまの二号さんらしい、結構な美人が住む。窓越しの挨拶が、そのうちに「おいで、おいで」というようなことになり、

「いま、お寿司をとったんだけど、旦那は手をつけず帰ったから、おあがんなさい」

というような仲になる。ある日、昼間シンネコのところへ旦那がやって来た。さあ、事だと庭へ飛びおりて、縁の下へかくれる。旦那はいつまでも帰らない。ちょうど「紙入れ」の新さんの心境、「風呂敷」の間男と間違えられた男の心境となる。

このときは、うまく二号さんがとりなして、何事もなく済んだが、もうそこにも居られない、浅草の寿司屋の二階へ引っ越す。

そうするうちに、彼女から手紙が来るようになった。

「明日いく、今日いく、何としても会いたい」

といった調子だから、鼻の下はますます長くなる。そのうちに、いよいよ「これから先は、本が破れておりまして……」という、「宮戸川」のお花、半七のような関係になる。

あとで、女が「すまないが、二円貸しておくれ」と、正体を現わした。そして一週間後、もうひとつのショックを受けた。〝ヨコに寝る〟と書く病気が出て来たのだ。

寄席の楽屋へ行って話をすると、

「そんなもの、酒をドンドン飲めば治る」

というので、ドンドン飲むが、ドンドン進むのは病気のほう。羽織や着物を質に入れたりして、どうにか食いつなぎ、青い顔で寄席をつとめているうちに、落語協会会長の一龍斎貞山が、心配して、

「それじゃァ、見舞金をやらなくちゃならねえ。それについちゃァ、医者の診断書を持ってきな」

ということになり、ありがたいと、診断書をもらってくると、

「リンパ腺ナントカ……」

と書いてある。これじゃァ、見舞金もダメらしい。

貞山は、何かほかの病気にして、見舞金を出してやろうといってくれて、志ん生さんは自宅待機となる。いまくるかいまくるかと待つ心境は一日千秋。不安と期待の中に、だんだんヒゲも伸びてきた。

ヒゲの伸びてるところに、見舞金がくれば、効果抜群という策略であるが、いつまでたっても来ない。床屋へ行って、きれいさっぱり落としたところへ、金が来た。

その女との後日談まで、志ん生はバラしている。よほど酒が入って、盛りあがった座談会であったろう。

出席者全員が、とっときの艶ばなしを披露している。

なめくじの都

志ん生一家の極貧時代は、笹塚時代から本所業平のなめくじ長屋までの、約十年間に及ぶ。

大正十三年一月、長女美津子が生まれる。七月に府下北豊島郡滝野川（現・北区田端一丁目）に転居する。

巣鴨に「巣鴨亭」という寄席の売りものがあり、りん夫人の親元の出資でこれを買い、席亭もどきとなるが、半年で失敗する。

このとき、高座で使った獅噛《しがみ》火鉢が、しばらくりん夫人の親戚の家にあったという。そのころのことは志ん生さんは多く語ろうとしないので、今はわからない。

大正十四年、府下豊多摩郡代々幡町笹塚（現・渋谷区笹塚）へ引っ越し、十月に次女喜美子が生まれる。

　このときは、柳家権太楼と一緒に探す。あたり一面畑と藪ばかりの真ン中に、新しい平屋が二軒建っている。震災後のバラックであるが、ピカピカ輝いて見える。口の上手い商売だから、すぐ借りられたが、あとがいけない。家賃がたまってにっちもさっちも行かない。

　そのうち権太楼は、大塚の色街の琵琶《びわ》芸者とできてしまって、家へ帰って来ない。たまに帰って来て、家賃を催促されると、

「やいやい、オレは、本所の借家同盟へ入ってるんだぞ」

とおどかす。借家同盟というのは、その時分の圧力団体で、大家は震え上がる。

二人で寄席へ出掛けるのに、電車賃がかかる。仕方ないので新宿までもっぱら歩け歩け。下駄代がもったいないので、革の長靴を買ったというのは、このときのこと。

　笹塚でも二度、三度引っ越す。

　食うに困って、裏の池から、蛙をつかまえて来て、「帝国ホテルのビフテキより、うまいんだよ」と、子どもたちに食べさせたり、氷を買いに行ったりん夫人の、あまりのみすぼらしさに、警官にあとを付けられたり、長男馬生の誕生のとき、鯛焼きを買って来て、「尾頭付きです」と、産婆に差し出したり、りん夫人が働きに行ってい

る留守中、志ん生が落語を演りながら、赤ン坊をあやしていたりなどは、みなこの笹塚時代の話である。

そんなころ、浅草の立花館という寄席の楽屋で、耳よりの話をきく。

「家賃のいらない家てえのがあるが、誰か借りる人はいませんか」

というのである。

「え、一体、そりゃどこだい？」

と志ん生、その時分は柳家東三楼。

「本所の業平ですよ。電車の停留所はすぐだ。いま入ってくれりゃァ、家賃は本当に、タダだって、大家ァいってますよ」

「なんだい、化けもの屋敷と違うかい？」

「冗談じゃありません。新築の長屋で、六畳と二畳で、便所まである。ウソだと思ったら、見にいらっしゃいよ」

というので半信半疑。本当にそんなところがあれば、道端のダイヤモンドだ。その足で行ってみると、新しい長屋がズラリと三十軒ばかり、全部が空家であるが、たしかに六畳と二畳。おまけに台所もある。表通りの角の帽子屋が家主という。

「あんた、はなし家さんたァちょうどいいや。いまなら家賃はおろか、敷金もいりませんから、ぜひ入って下さい。大いに宣伝してもらって、長屋が一杯になれば、あたしんところも元が取れますから、礼の一つもしますよ。こっちからお願いします、ぜひぜひ」

てんで、すぐ決める。世の中の幸せが、我が身に降りかかったような気持ちである。

さて、笹塚の生活は、足掛け五年ほどだが、家賃は払えない。酒屋も米屋も、炭屋も魚屋も借りっぱなしだから、真っ昼間は表に出られない。夜中にこっそり水を汲みにゆくというような生活だから、もう夜逃げより道がない。

夜逃げと決めたが、荷車を借りるのにマゴマゴして、朝になってしまった。朝がソロソロ明るくなる時分、志ん生は荷車を一台、友だちのところから都合つけて来て、荷物をドンドンつめ込んで、サーッとズラかった。

隣りの婆さんが、気がついて、「朝から掃除とは、大変だね。あたしも手伝おうかね」と、声をかける。うっかり手伝ってもらったら、ヤバいことになるから、「なァに、戸がどうもかたくってね」とか何とかゴマかしておいての脱出となる。

荷物といったって、布団に風呂敷包み、それに箱が五つ六つ。その上に次女の喜美子をのせて、前を志ん生が引っ張る。りん夫人は長男清を負ぶって、後ろから押す。長女の美津子は、歩いてついて来る。

四谷あたりまでは、追っかけられているんじゃないかと、ヒヤヒヤだったという。幸い声をかけるお巡りさんもなく、ようやく業平へたどりつく。もう昼すぎとなり、九月の暑い盛りで、冷や汗半分で、全身びっしょりとなっていた。

その晩、浅草の寄席へ出掛けて、帰ってみると、一軒だけが灯りが点いているから、蚊の大群がそこで運動会をやっている。

「おう、いま、帰ったよ……」

といった途端、蚊が二、三十匹も、口の中へ飛び込んで来た。破れた蚊帳なんぞ、とても役に立たない。

二、三日して、大雨が降ったら、こりゃァまたひどい。溝板が浮き上がって、水が家の中まで入ってくる。

あとでわかったことであるが、関東大震災のゴミ捨て場が、沼のようになっていた上に、土をパラパラと撒いて、バタバタと長屋を建てたもので、排水だの、衛生面などいっさいおかまいなしという、ひどいところである。

今まで、二、三日住んだ人はいるらしいが、みんな二の足踏んで逃げ出す。まず家賃をタダにして、カモをおびき寄せれば、あとは何とかなるだろうという大家の心積もりの、そのオトリにまんまと引っかかったことになる。

いやでも応でも、苦心の夜逃げのあとだけに、もう逃げ出せない。

東武電車の業平橋駅（現・とうきょうスカイツリー駅）があり、都電の通りにも業平橋がある。その都電の大通りから、ちょいと南のほうへ入った通りの、すぐ裏手だから、地の利は悪くない。

そこに三軒長屋が六棟、四軒長屋が二棟。傘をさしては通れないような路地をはさんで、肩をすぼめたように並んでいる。その手前から二軒目……、四軒長屋の二軒目が、志ん生家であった。

そのうちに、人がボツボツ入ってくる。二人目からは家賃を六円ばかり取られる。こういうところへ来る人は、大体、生活が似ているから、気が合ってすぐ仲良しになる。右隣りはビールの口金をくり抜く人。左隣りは時計の腕革屋、お向かいはお膳を作る人。そのなかなめ前は紙芝居屋。小学校も近い。美津子はそこに上がる。住めば都……といいたいが、人ではなく、〝なめくじ〟の都であった。

蚊帳は花色木綿

住む人より、主役はなめくじ、そして蚊と蠅《はえ》という、凄いところに志ん生一家は住んだ。

本所に蚊がいなくなり十二月

という川柳があるように、蚊は年中ほとんどいる。昼間から蚊帳を吊ってないと、仕事が出来ない。

笹塚時代から持ってきた蚊帳はあるにはあるが、大変なおんぼろで、破れたところに、花色木綿が張ってあったり、赤ん坊のおむつがくっついていたりしている。そろそろなんとかしなくっちゃと思っているところへ、ある日二人連れのあまり人相のよくない男が蚊帳を売りに来た。

「品物は、ほうら、飛びっ切りですぜ。店で買えばだまって三十円という極上ですよ。

六畳というのもお宅の座敷にぴったりだし、どうです、いますぐなら十円にまけときましょう」

という。りん夫人は喉から手の出るほどほしい。ところが十円なんて大金はない。突っけんどんに断わるのもなんだから、迷いながら、ひょいと何気なしに長火鉢の引き出しをあけると、そこに十円札が一枚、たたんだまま入っている。どうやら亭主のへそくりらしい。しめたというんで、

「じゃァ、ほんとに、十円でいいんだね」

「へえ、どうもありがとうござんす」

奴さん、そいつを引ったくるようにポケットにねじ込むと、風のように去ってゆく。風と共に去りぬ、というやつだ。

そこへ帰って来た志ん生が、ニコニコ顔のりん夫人を見て、いきさつがわかった。引き出しの十円札というのは、何の価値もないルーブル紙幣で、子どものおもちゃに、夜店で一枚五厘か何かで買って来て、そこに入れてあったもの。

「そりゃァ、大手柄だよ」

というので、蚊帳を広げておどろいた。

たたんである一番上はたしかに本麻だが、下のところは切れ端ばかりで、てんで蚊帳なんてもんじゃない。向こうは向こうで、バレるのをおそれて鉄砲玉。

「ちきしょうめ、ふてえ野郎だ！」

は、両方のセリフだったかもしれない。

なめくじに至っては、出るの出ないのなんて、そんな生やさしいものではない。家の中の壁や畳なんてものは、なめくじの這ったあとが銀色に光り輝いている。

私は、そこのところを『びんぼう自慢』で、「今ならなんですよ、そっくりあの壁ェ切りとって、額ぶちへ入れて、美術の展覧会にでも出せば、それこそ一等当選まちがいなしてえことになるだろうと思うくらい、きれいでしたよ」と書いた。それをある書評で、そこんところが、当世美術批判にも当たり、まことに面白いとほめてくれた。

なめくじの一番の被害者は、家で仕立ものをするりん夫人であった。座っている足のかかとが痛い。ハッと振り返ると、途方もなく大きい奴が吸いついている。赤ン坊が火のつくように泣くから、抱いてみると、足のところにやはり吸いついている。夜になると、ピシッピシッと鳴く。そのうすッ気味のわるさなんてものはない。

それを朝になると、十能《じゅうのう》でしゃくって、バケツに入れて、近くの溝川へ捨てに行く。それが毎朝のことだから、もう人間のほうがくたびれてしまう。

どこの家も同じだから、一つしかない水道の周りの井戸端会議の折など、

「ひょっとすると、東京のなめくじが、みんなウチの長屋へ集まってるんじゃないのかね！」などの会話も出るほどだった。

そういう具合だから、みんな仲がいい。醤油を切らしたといえば、隣りが貸してくれる。お米がないといえば、向かいの人が出してくれる。隣りが魚のアラを買ってくると、こちらから大根を出して、分け合って食べる。誰か体の具合がわるいとなると、隣り近所総動員で、湯タンポが来る、氷が来るといった具合で、長屋中が一軒のようで、夫婦喧嘩も子どものいたずらも、どこの家へ客が来たなども、すべて筒抜けである。

あるとき、便所へはいるところの廊下の根太が抜けたことがある。家主に掛け合ったが、家賃がタダだから、いい顔をしない。長屋の連中に相談をすると、

「あんたァ芸人だから、どっかで落語の会をやって、読み切りにしたらどうです、応援しますよ」

といってくれた。読み切りというのは、困った芸人に対する、仲間うちの義捐《ぎえん》興行で、早くいえばその上がりで、廊下を修理しようというのである。

二、三人が引き受けてくれたが、切符の印刷代が払えない。そこへ歯が欠けてしまって、「これがほんとのハナシ家です」なんて洒落をいってる暇もない。切符を十枚もらって来て、それを売って、また十枚もらいに行く。歯医者のほうには切符二十枚ほどでかんべんしてもらうという非常手段で乗り切った。

こんなところにも泥棒が入る。長屋には悪い奴はいないから、夏なんぞ戸や窓を開けっ放しでも、モノなどなくならないが、よその長屋から出張があるらしい。

ある晩、一張羅《いっちょうら》の高座着を洗って、軒下に干してあったのが、一夜のうちになくなっている。りん夫人が三時近くまで夜なべをして、そのときはたしかにあったが、ついトロトロとして、四時近く、ハッと気がつくと、もうなくなっていたというのである。

こんな業平暮らしの中で、東三楼からぎん馬、甚語楼から志ん馬（二度目）、そうして馬生（二度目）と、改名を繰り返す。

馬生になって、ようやく玄人筋から支持を集めるようになり、雑誌に速記がのる。

レコードに「氏子中」（ビクター）、「元帳」（ポリドール）なども出る。「元帳」は「替り目」の別名である。

そのころ、久保田万太郎氏がNHKの担当者と一緒に、一度、このなめくじ長屋を訪ねたことがある。そのときの志ん生一家のあわてようは、大変なものだったという。

私も、時が流れて、毎日版『びんぼう自慢』をお手伝いしたとき、一度、美津子さんの案内で、その業平を尋ねたことがあったが、そのときは表通りは、家が建て込んでいたが、ほんとうに傘をさして歩けないほどの路地が一つあり、そこが長屋への入り口であった。長屋は廃屋のようでもうないに等しかった。近くの製氷会社は、当時そのままだと、美津子さんはいっていた。

毎朝、なめくじを捨てに行ったという溝川も、当時そのままに残っていた。

こうして、そのなめくじ長屋脱出の日が、例の二・二六事件の当日であった。

親孝行はつらい

志ん生というと、〝酒と貧乏〟がついて回る。

貧乏というのは、金が入るとすぐ使ってしまう。仮に十万円の収入があったとすると、十五、六万円を酒だバクチだ女郎買いだ、と使ってしまう。家に入れる金はないから、りん夫人はいつも苦労する、というパターンの繰りかえしであった。

飲む、打つ、買うを三道楽という。

もし、三道楽を全うするとなると、いくら金があっても、まず無理。仕事をしながらの三道楽というと、とても暇がない。体ももたない。不可能なはなしになる。

それでも、その無理を何となく押し通し、それを芸の肥やしにした志ん生さんは凄い。志ん生さんと比較出来る芸人は、初代の柳家三亀松《やなぎやみきまつ》ぐらいではないか。

三亀松は〝買う〟を中心とした三道楽であり、志ん生は〝飲む〟が主流の道楽であったといってよい。

志ん生と酒にまつわる逸話は、それこそ数えきれないほどある。

晩年は酒は日本酒に限る、それも菊正宗ときめて、一升、冷やで飲むのを日課とした。いちどきに飲むのではなく、朝、昼、晩、それに寝る前に分けて、一升をきちんと平らげた。

若いころは、酔うことが目的だから、浅草あたりの馬肉屋の電気ブランを定席とした。一杯が七銭くらい。その一杯で酒の五合分くらい酔う。あくる日なんぞ、舌の先がノリをつけた浴衣ほどに突っ張ってしまう。

牛どんならぬ馬どんを三銭ぐらい取り、別にドンブリに水をもらっておいて、ブランをグイッとやって、大急ぎで水を半分キューッと飲んで、馬どんをぱくついて、またブランをグイッ。水をキューッ。しばらくたつと体中がポーッとしてくる。あくる日は、舌がもつれる。そのもつれがたまらないと、また出掛けるという始末。そうしたトレーニングが、酒にめっぽう強い体質を作りあげたようだ。

戦争中の酒のない時分、相撲の横綱双葉山と、飲みくらべした話がある。

築地の料亭のお座敷があって、出掛けてみると、双葉山、名寄岩、羽黒山など、錚

錚たる関取衆が控えている。一席演ってご祝儀をもらって帰ろうとすると、

「師匠もいける口でしょう。飲んでいきませんか」

と名寄岩がいう。

「さいですか。じゃァお言葉にあまえて……」

と、志ん生も座り込む。そのうちに、双葉山が大層ご機嫌で、

「どうかね、ひとつ、わしと飲みっくら、やりましょうか」

という。「えッ」とおどろく志ん生。

「横綱は、そんなに強くないですから、大丈夫ですよ。やりなさいよ」

と名寄岩がたきつける。

「さいですか。じゃァ、ひとつお手合わせ願います。お相撲じゃァとてもかないっこないから、せめて酒で胸をお借りします」

と、始まった。二合以上入るコップを、向うはまるで猪口《ちょこ》みたいにつまんで、グイと一息で平らげる。そのコップについでもらって、こっちは「ウッ、ウッ」と、息を入れて飲む。

向うはグイ、こちらはウッウッだから、勝負は見えている。

そんなやりとりが何回かあるうちに、そろそろおかしくなってきた。志ん生一人でも、二升近くは空けたことになる。あとはもうダメ。双葉山のほうは平気な顔で飲んでいる。

志ん生の酒は量より数でこなす。いちどきに飲む量では、二升はもう限界を越す。失礼をして、さあ、帰ろうとしたがモンペがはけない。外套を着ようにもうまく袖が通らない。袴なんぞは横抱きにして、下駄ァつっかけて外へ出る。外はひどい雪。こけつまろびつのあげく、下駄の鼻緒が切れる。片っぽ足袋はだしになる。どうにかこうにか、銀座の四つ角まで来ると、ちょうど神明町行きの赤電車。終点まで乗ればいいのだから、あとはこっちのものと、乗ったはいいが超満員。志ん生が乗った途端、その満員の客が、一方に片寄った。

そこまでは覚えているが、あとの記憶は志ん生にはない。そこへのけぞって、何か大声でわめきちらし、いくらか小間物屋の店開きもしたらしい。

終点で叩き起こされて、馴れた道をよろめきながら、家まで帰り、「只今ァ」と、玄関の戸をあけた途端、土間へつんのめって、そのまま高いびき。

朝になって、おどろいたのは、紋付も袴も外套も、雪と泥と小間物屋でもうメチャクチャ。その時分は、もう志ん生になって、お座敷なんぞも忙しくなり始めたころだから、着るものには金をかけている。天下の双葉山のお座敷だというので、おろし立ての飛びっきりの盛装で出掛けたあげく、このザマだからしようがない。すぐ洗い張りに出したが、とても二度と着られなかった。

「あんたが、あんなに酔ったことなんぞ、ほんとに珍しいよ。ずいぶんと、高いお酒だよ」

と、しばらくは、りん夫人の嫌味をきくことになった。

志ん生さんは、あとまでも、

「双葉山のところには、何でもあるから、うらやましい」

といっていた。うらやましいとは、酒のことであるらしい。

志ん生が読売巨人軍の優勝祝賀会の会場で倒れ、すぐ前の船員保険東京中央病院へ入院したのは、昭和三十六年十二月、七十一歳のときである。
二、三日は全く危篤状態が続いたが、持ち直し、右手が少し不自由以外は、口は達者で、家族のものたちを安心させた。
ちょうどそんなころ、付添いの長男馬生に、「お前は親孝行かい」ときく。「そんなこと、おやじさん、ご存知の通りだよ」と馬生。

「お前が親孝行というのなら、何もいわない。一杯やりたいから、酒を持って来い」

これには、馬生もハタと困ったという。

酒を持って来なければ、おやじの機嫌がわるい。持って来れば病気にさわる。結局そこを逃げ出し、見舞いに来た桂枝太郎（二代目）に、

「わたしは、親孝行なのか、親不孝なのかわからない。親孝行てえのが、こんなつらいものとは知りませんでした」

と、ボヤいたという。

医師が気をきかせて、ブドウ酒を少々ならと許したが、ひと口飲んで、

「こんなものア、酒じゃねえ」

退院後は、夜だけの三合になり、二合になり、最後のころは、水に少量の酒を入れる程度に、家族が気を配った。

円喬の四軒バネ

志ん生さんの語る名人円喬の高座ぶりは……。

「うちの師匠の高座ぶりはてえと、布団の上にキチンと座る。座が定まると、ふところから紙入れを取り出して、小菊の紙を一枚ぬいて、二つに折って、鼻の下をちょいとこすって、座布団の下に入れる。

そうして、膝の前にある湯飲みをとって、押しいただくようにして、一口喉を湿すんだが、別に飲むわけじゃないんです。湯気を吸込むだけだから、湯飲みの湯はへりゃァしない。

この湯飲みてえのは九谷《くたにや》焼きの小さいので、うちの師匠は、肺の気があるから、ほかの人にゃァ使わせない。ところが前座は湯飲みを下げに行って、その残っている湯をグッと飲んでしまう。

今から考えりゃァ、衛生には良くない話ですが、下っ端にすりゃァ、天下の名人のおあまりを飲んで、少しでも芸や人気にあやかろうてんだから、そんなことをかまっちゃおれない、あたしだって飲みましたよ。

そうしておいて、ジロリと客席を見回して、湯飲みを下において、さびた声で、えーとはじまる。はじめっから終わりまで、もう芸になってる人でしたよ」

ときわめて具体的だ。明治、大正の名人といわれた人たちの高座ぶりはみんなこのようであった。

あるとき、その師匠が高座に上がっている。楽屋で手伝いをしながら、ひょいと気がつくと、どうも外の様子がおかしい。雨が降って来たらしい。弱ったなー、傘はねえし、帰りはどうしようかなと、独り言をいったら、そばにいた当時の円楽（のちの一朝爺さん）が、「雨じゃねえよ。師匠が『鰍沢《かじかざわ》』をやってんだよ」。

「鰍沢」のクライマックスで、追いつめられた旅人が、雪道を踏み分け、土手のところへ逃げると、崖の下は鰍沢の急流。

「東海道、岩淵へ落ちる急流は、矢を射るよう、ドッドッという水勢、後ろを振り向くと、チラリチラリと火縄が見える……」

というところ。それが本当に、ザーッと雨がふっていたように思ったというから、芸の力は恐ろしい。そんな芸を語るときの志ん生さんの目は輝いていた。

〝円喬の四軒バネ〟というのも有名で、東京に六十軒ぐらい寄席のあったころ、一流の寄席を四軒回る。牛込へ行って浅草と両国を回って、最後は四ッ谷といった順で、俥で飛んで回る。俥屋も大変だが、師匠も大変。

体は一つで、時間は限られるというので、このうちの三軒ぐらいは、どうしても浅いところへ出るようになる。

ところによっては、「円喬、七時二十分上がり」などのビラを表へ張る。客は円喬だけがお目当てだから、その時間になるとワーッと沸きあがるが、終わるとサーッと帰ってしまう。円喬が終わった途端が、もうハネたと同じことだから、四軒バネなどといわれた。

これに匹敵したのが〝鼻の円遊〟(初代三遊亭円遊)で、その人気のころは、どこの寄席も円遊を希望するので、その数十五軒とも二十軒ともいわれた。

中には、表から入って、花道(寄席は真ん中に、踏み台のようなところがあった)を、ステテコを踊りながら、スーッと通って、高座へ上がってふたことみこと。それで客はもうワーッと喜んだというから凄い。

円喬はどの高座も手を抜くことをしなかった。あるとき、両国（日本橋）の立花で、人情ばなしの長講を演った。人情ばなしは、今日でいう新聞の連載小説と同じで、明日はどうなるかという期待がかかる。毎日聞きたい客がウンといる。ある晩、ひどい吹き降りとなり、本所のほうから毎晩ききに来る客が、両国橋の上まで来たとき、前に進むことも後へ下がることもできなくなり、立ち往生して「うーむ、わしは円喬をうらむ！」といったというのも、有名なはなしとして伝わる。

「あたしなんぞも、『法楽の舞い』てえはなしを、楽屋の隅っこでワクワクしながら聞いたもので、次はどうなるだろうと、あくる日になるのが楽しみなくらいでしたよ」

と、志ん生さん。私はこの「法楽の舞い」というはなしを知らなかったので、いろいろ調べてみると、一度だけ志ん生さんがラジオで放送している。病後でしかも晩年のため、ほとんどメロメロの状態であったが、筋書きだけは、ようやく分った。

円喬の師匠の円朝が、ひところ江戸の名人ばかりをシリーズで取りあげたことがあり、これもその一席になる。

絵師の狩野鞠信《まりのぶ》が近頃元気がない。スポンサーの近江屋喜左衛門が心配してきいてみると、霊岸島に住む踊りの師匠の坂東お須賀に恋い焦れているが、軽くあしらわれて、とりつく島もない。もう筆をとるのも、刷毛をとるのもいやになったという。近江屋は人をやって、お須賀に打診をすると、鞠信の絵が気に入らないという。それも巴御前が烏帽子《えぼし》を冠り、薙刀《なぎなた》を抱き込んで、ズズーッと花道を出て、ひと回りしてキッと見得をするところを描いたその左の手がよくない。せっかくもらった絵だがここが気に入らないんだよ、とばかり墨でそこを塗りつぶしてしまう。

「この舞いの手が、本当に描けるような先生になったなら、私は喜んで、あの先生と夫婦になるわ。証拠がないといけませんから、これを持ってっておくれ」

と、そこへ投げ出す。これをきいて、鞠信は上方へゆき、京都の祇園《ぎおん》の踊り子を見る、ほかの師匠の絵を見る。描いては破り、火中に投じるなど、六年間に百四十六枚を描く。その百四十六枚目を持って江戸に帰り、お須賀に見せる。

お須賀もこれには満足して、やがて二人はめでたく夫婦になるという長編であった。

この円喬は速記集の中にあり、この志ん生の録音は『これが志ん生だ！』（三一書房刊）の第四巻にある。

あとはおつり

志ん生さんが、ポツリといった言葉の中には、哲学がある。

「まずいなと思ったら、俺と同じくらい。うまいなと思ったら、俺よりはるかにうまい。そう思わなくちゃいけない」

芸でもスポーツでも同じであるが、下手だな、弱いなと思う相手は、自分と同じ程度。同じくらいかなと思うと、相手のほうが上。うまいな、強いなと思う相手は、数段上ということである。

志ん生さんが若いころ、そのうまさに驚嘆したという名人円喬、それに講談の芦洲などの芸は、大変なものだったと想像される。

六代目円生は、ある意味では志ん生のライバルであったが、「志ん生さんとは道場の稽古では五分だが、真剣勝負ではかなわない」と、語っている。ホール落語とか名人会形式の落語会は、そういった真剣勝負の場であった。

■

「四角い座布団の上には、何でも落っこっている。何か見つけるんだよ」

これは相撲の場合なら、「土俵の上には、金も名誉も、酒も女も、何でも落ちている」という。野球の場合なら「グラウンドの上には……」、ボクシングの場合なら、「リングの上には……」と同じである。

落語家は寄席が勝負、四角い座布団が勝負というのだ。

■

「人と争いはしないこと。楯突いてそういうことをしていると、身を滅ぼすようなもの。〝売るケンカ買わぬがもうけ高い故〟てえ川柳もあるでしょう」

志ん生さんも、若いころは人と争ってずいぶん損をした。

争わないまでも、人に迷惑をかけて、寄席をしくじったりしている。体験から得た教訓であろう。

■

「いャァ、体験はするもんですな、落語の中に、体験てえものが生きてくる」

志ん生さんは、体験を芸のなかに生かしているが、その中にこんなのがある。

笹塚の極貧のころ、何をやってもうまくゆかない。りん夫人が働きに出るが、家の中は火の車。そんなとき、ある人から「納豆売りは、いいそうだよ」とすすめられ、思い切ってやってみる。

「なっと、納豆ォ……」

と、売って歩くが声が出ない。高座の上なら、どんな大きな声も出せるが、表を歩きながらはとてもダメ。恥ずかしいのか、馴れないのか、人家の前ではとても出ない。そのくせ人ッ子一人通らないところへ来ると、「なっとォ」と大声が出る。納豆売りは四、五日でやめになった。

それがのち「唐茄子屋政談」の中で生きる。若旦那が荷をかついで売りに歩くが、とても「とうなすゥ……」の売り声が出せない。そこの中に、志ん生さんは自分の納豆売りを重ね合わせたというのである。

■

「将棋の勝ち負けは、世の中ァ渡るのと同じなんですな」

志ん生さんは、将棋連盟から名誉三段をもらっていた。強いというより、功労賞といったものだ。

ともかく将棋が好きで、誰とでも、どこでも差す。落語協会に「待ったクラブ」というのが出来たのも、この志ん生にならったもので、どこの寄席の楽屋にも将棋盤が置いてあった。

弟子や孫弟子あたりに、志ん駒、朝馬、桂太、角助、銀助など、将棋ゆかりの名前をつけた。

将棋の良さは、始めは駒をうんと使って、だんだん相手を詰めてゆく。ふだんは歩一枚でも大事にして、いざというときに飛車でも銀でも惜しみなく使う。つまり、ふだんは我慢しておいて、いざという場合は勝負というのが、人生に似ている。志ん生さんの主義であった。

「はなし家のせがれは、やっぱりはなし家が身分相応だと、あたしは思ってますよ」

志ん生家の長男は馬生、次男が志ん朝。落語家一家である。このはなしのとき、志ん生さんは、いつも三代目五明楼玉輔のはなしを持ち出した。

玉輔は円朝の向こうを張るほどの名人で、「義士伝」をかけると毎晩一束（百人）の客が来て、七十七日間も客が落ちなかったというほどであった。

この玉輔の息子が、陸軍の大佐か少将で偉い。いつも「お父さん、はなし家なんざ、早くやめてくださいよ」という。そのとき玉輔は、

「ばか野郎、お前は陸軍では偉いのかもしれないが、おれは人情ばなしの大将だ。大将に向かって、何をいうかッ！」

やはり志ん生さんは、一緒に酒を飲みながら、芸談や粋談を交わす親子関係を、よしとしたのである。

■

「やりたいことはやったし、あとはおつりみてえなもんだ」

病後の志ん生さんが、しみじみいった言葉。年上の者にお世辞をいって、如才なくふるまおうともせず、飲みたいときに飲み、自由奔放に生きて、なることはなる、ならないことはならないという、ケ・セラ・セラ人生の晩年であった。

病気から死ぬまで十二年。おつりの人生も全うした。

第三章 そういうわけで志ん生

なおしてもらいなよ

文弥と志ん生

志ん生は明治二十三年六月生まれ。新内の岡本文弥《おかもとぶんや》（四代）は明治二十八年一月生まれ。

同年配として、大正から昭和にかけての、長い下積みの芸能生活を共にした仲間だけに、仲が良かった。

その岡本文弥が、志ん生のために、新内新作「なめくじと志ん生」を作ったことがある。

本所業平のなめくじ長屋で、志ん生一家と仲よしになったなめくじたちが、功成り名を遂げた志ん生がいま病床にあるときき、見舞いかたがた、わざわざ西日暮里の家まで訪ねてゆくという、まことにコミカルなもの。

初演は昭和三十七年八月の、本牧亭での文弥会。それが評判となり、九月にはニッポン放送から放送、さらに東横落語会でも披露された。そのころ、志ん生さんは病後のリハビリ中だった。七十四歳のとき。

圧巻は、昭和三十九年五月、毎日版の『びんぼう自慢』出版記念会が、人形町末広で催されたときだ。文弥は友情出演して、この新作を志ん生の前で披露している。初演のときにくらべると、かなり刈り込んであった。

その折、私は文弥直筆の改訂版の原稿を頂いたので、それを紹介する。

〽神田亀住町に女ありけり
ある夜、一升徳利を夢みてはらみけるが
明治二十三年六月五日
月みちて男子出生
そのとき町内に酒の香ただよい、町の人々へべのれけとぞなりにけり
〽たらちめの胎内を出でし子の、姓は美濃部、名は孝蔵
孝は親孝行の孝にして、蔵は酒蔵の蔵の字とや
〽明治四十一年春

ああコノ君、十八歳にして落語入門
それから幾年月
貧乏と酒のあけくれ
朝太という名を振出しに
円菊から馬太郎。武生、馬きんと名を変えても
一向うだつ上がらねば、志ん馬と改め馬生と変え
東三楼、甚語楼、隅田川馬石など
その名変われど主変わらず
改名実に十六たび。遂に花咲き実を結び、五代目古今亭志ん生と
時めくようになりけるは
アア天なるかな命なるかな、長屋の花見も蚊いくさも
半次も屑屋も馬さんも
遠くなりけり、おなじみの八五郎とも熊さんとも
縁なくなりし身の出世
左うちわに日暮しの

里に花やぐ一ト構え
酒や小鳥や碁将棋や
よい女房子にめぐまれて
わが世の春をぞ楽しみける
〽なめくじ長屋の古なじみ
なめ六、なめ助、なめ五郎
友の出世を祝わんと
おなめも一緒にさみだれの、業平町をあとにして
行き交うくるまのあとやさき、命からがらようようと
ここは日暮里、志ん生宅にぞ着きけるが
〽昔に変わる門構え
二階造りを打ち眺め
「すげえ家だ
「おっかねえくれえだ
「まるで夢のようだなア

〽びくびくねちねち庭のそとから差しのぞき
「うわアまぶしい、うちン中ぴかぴかしてらア
「うわアいたいた、師匠が大黒さまのように納まってらア
「おかみさんはニコニコえびす顔
「一家だんらん、まるで七福神だ
〽中におなめは女気の、昔ながらの呼び名にて
「ちょっとちょっと、甚語楼さん
〽逢いたさみたさに怖さを忘れ
遠い道中命がけ
逢いに来たのになぜ出て逢わぬ、昔馴染を忘れたかと
くどき嘆けば志ん生は
〽なめくじ長屋のあけくれも
貧乏ぐらしのつき合いも
忘れた日とてはなけれども、昔にかわる隠居の身
女房子供や世間の手前

あんまりハメも外されず
無沙汰にすぎたこの頃を
察してくれも胸のうち
わびる心の通じてか
しゃっちょこ張ってたなめくじも
今はぐにゃぐにゃ機嫌を直し
「こんな立派な家に住んじゃ、こちとらを相手にしねえのも無理はねえが、それにしても一度ゆっくり会って、話がしてえものだ
「と言ってむりやり面会を強要するのも、ごろつきじみるし
「未練は残るが、他人のプライバシーをのぞくのもいやだから
「ここは一番あきらめて、蔭ながら祝い祝いして引きあげよう
「じゃ、みなさんお手を拝借、志ん生師匠の立身出世と、お神さんの内助の功をお祝いして、ようシャシャンシャンシャンシャシャン、ヘイどなたもおめでとう
〽またも降り出すさみだれに
てんでにかつぐ破れ傘

ぬれてゆこうとなめくじたち、心にかかる雲晴れて
鼻唄まじり気も軽く
親代々の住み心地
イキなものだと業平の
長屋をさして帰りゆく

初演のときのものは、中ほどに、

〽業平町のうら長屋
食うや食わずのあけくれを、いたわり合いつ励ましつ
心楽しく過ごしたる
かの幾とせが思い草
涙こぼして恋い滴る
〽なめ五郎は気短かにて
「おい帰ろう帰ろう

世の中が変ったんだ
もうこちとらの師匠じゃねえ
帰ろう帰ろう
〽というに、なめ六、なめ助は、残る未練が癪のタネ
あきらめ兼ねたるか首寄せて
「師匠はこちとらのこと、決して忘れちゃいねえと思うんだ
会えばまた喜んで、仲間になってくれると思うんだがなァ

などという箇所があり、ここを大幅にカットしているのが、文弥の原稿からわかる。

あとで、志ん生家を訪ねたとき、その新内の感想を聞いたことがある。

「ここの家（西日暮里）だって、なめくじがいますよ。ついさっきも、かかァが見つけて台所で大きな声を出してやがった。あの新内のなめくじの友だちかもしれねえ、ウン」

小泉信三氏と大津絵

志ん生は多くの人から親しまれ、愛された。

小泉信三《こいずみしんぞう》博士は志ん生の熱心なファンであり、いつもお座敷には志ん生を呼んだ。そして、大津絵の「冬の夜に風が吹く」を、決まって注文した。

戦後間もなくの師走も近いころ、最初に小泉氏のお座敷に呼ばれたとき、一席演ったあと、ちょうど俗曲の西川たつが一緒だったので、たつの三味線で、この大津絵を歌った。ごく若いころ、立花家橘之助《きつのすけ》の弟子で小美代《こみよ》という人から教わったもので、志ん生もよほど気分ののったとき以外、歌うことはしなかった。

こんな歌詞である。

〽冬の夜に風が吹く
知らせの半鐘がジャンと鳴りゃ
これさ女房わらじ出せ
刺子《さしこ》襦袢《じゆばん》に火事頭巾《ずきん》
四十八組おいおいと
お掛り衆の下知《げち》をうけ
出て行きゃ女房はそのあとで
うがい手洗に身をきよめ
今宵ウチの人になァ
怪我のないように
南無妙法蓮華経
清正公菩薩《ぼさつ》
ありゃりゃんリュウのかけ声で
勇みゆく
ほんにお前はままならぬ

もしも生まれたこの子が男の子なら
お前の商売させやせぬぞえ
罪じゃもの

歌が終わったとき、小泉氏はハンケチを目に当てているので、志ん生は一瞬「しまった」と思ったという。

小泉氏は戦争で子息をなくし、自身も空襲下、全身に火の粉を浴びて、顔や手に火傷のあとを残す。あの戦争のことを思い出しての涙かと、志ん生はヒヤリとした。ところがそうではなく、小泉氏はこの歌がたいそう気に入って、以来、決まって、「アレを演ってください」と注文し、ハンケチを用意したという。

志ん生は西川たつの三味線でなければ歌わなかったが、たつの没後は、下座のおてるさん（平川てる）が代役をつとめた。小泉氏のお座敷はいつも年の暮れで、志ん生がこの歌を請われたのは、十回や十五回ではきかなかったという。

志ん生さんが亡くなって、二、三年ほどたったある初冬のころ、長男の金原亭馬生から電話があり、

「あの、オヤジの演った『冬の夜……』の正確な歌詞は、どうなんでしょうね」

と聞かれた。

「レコードにもありますし、本にも載っていますけど……」

「それがね、いつでも微妙に違うから困る。オヤジは気分でやっちゃうから、わからなくなってるんですよ」

私はこの歌詞をコピーして、馬生さんに送っておいたが、馬生がどこで、どんなとき歌ったかまでは知らない。

これは志ん生が元気なころ、ラジオ（ニッポン放送）で、西川たつの三味線で、心ゆくままに歌った折の歌詞である。そういえば、「今宵ウチの人になァ……」のところを、繰り返していたこともあった。

小泉氏の没後、志ん生は人形町末広の独演会で、番組に「小泉先生を偲んで」と書き、この大津絵を歌っている。

そのときは志ん生さんのほうが泣いたはずである。

志ん生の根太帳

落語家は、誰でも「根太帳《ねたちよう》」というのを持っている。自分の演題を一覧表にしたもので、百席ある人もいるし、五十席位の人もいる。寄席には「楽屋帳」というのがあり、高座に上がる順番に演者と演題がかかれているので、次に上がる人は、似たはなしを避ける。たとえば、酒飲みのはなし、与太郎のはなし、旅のはなし、泥棒のはなしと続いたならば、次は女郎買いで行こうとか、サムライの出るはなしで行こうと決める。その中に〝色物〟も入るから、寄席は面白い。バラエティ劇場であるからだ。

根太帳を自慢気に見せる人もある。「おれは、こんなに得意ネタを持っている」という自慢であるし、こっそり見てすぐふところに入れる人もある。「このはなしも前に出た。とすると次は何にしようかな」と、たしかめる。時間のあるときは、そろそろ変わったものを演ってみたいと思うこともある。そんなときに、ちょいとめくってみて、もう一度確認をとるといった人が多い。

志ん生さんの根太帳を、一度見せてもらったことがある。薄い和紙に、筆でビッシリ書き込まれていて、その数……、別に数えたわけではないが、百五十席から二百席ぐらいはあったであろう。折ったところがもう破れそうで手にとるのが怖いくらいであった。

「火焔太鼓」　「三軒長屋」　「疝気の虫」
「たいこ腹」　「三年目」　「後生うなぎ」
「短命」　「義眼」　「つるつる」
「駒長」　「紙入れ」　「ふたなり」
「百年目」　「二階ぞめき」　「町内の若い衆」
「幾代餅」　「姫かたり」　「道灌」
「千早ふる」　「饅頭こわい」　「和歌三神」
「替り目」　「岸柳島」　「麻のれん」

「元犬」
「安兵衛狐」
「水屋の富」
「強情灸」
「天狗裁き」
「お直し」
「錦の袈裟」
「付き馬」
「三枚起請」
「品川心中」
「搗屋《つきや》幸兵衛」
「たがや」
「らくだ」
「妾馬」
「唐茄子屋政談」

「犬の災難」
「猫の皿」
「無精床」
「泣き塩」
「三人絵師」
「首ったけ」
「茶汲み」
「白銅の女郎買い」
「文違い」
「子別れ」
「お化け長屋」
「今戸の狐」
「黄金餅」
「芝浜」
「中村仲蔵」

「狸賽《たぬさい》」
「宿屋の富」
「あくび指南」
「あわびのし」
「はてなの茶碗」
「五人廻し」
「干物箱」
「坊主の遊び」
「居残り佐平次」
「厩火事」
「大山詣り」
「大工調べ」
「富久」
「寝床」
「淀五郎」

「井戸の茶碗」　「もう半分」　「江島屋騒動」

「おかめ団子」　「抜け雀」　「おせつ徳三郎」

「佃祭」　「千両みかん」　「しじみ売り」

「文七元結」　「鰍沢」


などと、うまい字で、ていねいに書かれているあたり、馬生が書いたのかもしれないと思った。

若いころ、本もののガマの油売りにおどかされた「ガマの油」や志ん朝が生まれるとき、連発していた「桃太郎」などは見当らなかった。

その中に、「マラソン」という、あまり耳馴れない演題があった。

「マラソンって、どんなはなしです？」

と、きくと、

「これはね、三語楼さんの作ったもので、今はあんまり面白くないから、演らないですよ、ウン」

という返事。むかしは演ったものかもしれないが、もうほとんどきけない。しかし根太帳にはある。こんなはなしらしい。

ある地方の大名の家に、きれいなお姫さまがいる。年ごろだから嫁にやりたい。きいてみると、配下の若侍で、好きなのが二人いるという。二人では具合がわるい。二人とも美男子で、様子もいい。剣も強いし、馬も見事で、駆けても早い。

「勝負に勝ったほうに、嫁につかわす」

ということになり、剣道の試合になるが、甲乙なし。乗馬となるが、これも遜色がない。それでは最後に早駆けをしようということになる。つまりマラソンだ。

城下の門の前をスタート、峠の一本松を回って、また正門の前に帰る。かなりの距離だ。ヨーイ、ドンでスタートする。

これが抜きつ抜かれつ、一本松を回るときにもほとんど同時、汗びっしょり、ハアハアフラフラの中で、股もこすれ、テープを切ったのは、二人とも同時。

「うむ。甲乙なしでは、嫁にやれぬわい」

二人顔を合せて、

「これが、ホントの魔羅《まら》の損」

違うかもしれないが、志ん生さんのはなしからの脚色である。なるほどこれでは、天下の志ん生の演るはなしではない。

そのうえ「突落とし」という演題が、志ん生さんの根太帳にない。きいてみると、

「ああいうのは、きたないから、あたしゃ好きじゃありません」

と、ポンとひとこと。

これは、町内の若い衆が集まって、遊びに行こうとするが、銭がない。中の一人がただで遊べる方法を考える。

吉原へ繰り込み、さんざ騒いで、さてあくる朝。全員で芝居をして、楼《みせ》の若い衆を連れ出し、お歯黒どぶのところで、連れションをする。そのとき、若い衆をどぶの中へ突き落として逃げるという悪辣《あくらつ》ないたずらで、後味はきわめて悪い。

これも、志ん生さんの好みには合わないものであった。

日暮里の師匠

四代目柳家小さんは、渾名をつける名人で、ほとんどの落語家に渾名をつけた。たとえば、鈴々舎馬風は〝鬼〟、蝶花楼馬楽（五代目、のち彦六の正蔵）には〝トンガリ〟、三遊亭円生には〝支那の留学生〟、柳家小半治には〝メンコの頼朝《よりとも》〟、三遊亭円盛には〝イカタチ〟などだ。

志ん生さんには〝うわばみの吐き出され〟という妙なニックネームがあったのも、この小さん命名によるものらしい。

馬風の〝鬼〟については、あるとき静岡県の久能山で落語奉納があり、小さん以下弟子たちが、山上まで徒歩で登る。みんな汗は出る、喉はからからになる、息は切れるという難行苦行の中を、馬風一人が太い竹を杖にしてスタスタと登ってゆく。

「あれが、鬼に金棒だ」

と、小さんがあきれたのが語源とされる。

馬風はこれを売りものにして、以来、色紙を頼まれると「金棒」の絵を大きく描いて、署名した。

馬楽の〝トンガリ〟は、トンがること、つまり正義感が強くって、すぐカリカリすること。有名なはなしに、吉原の幇間《たいこもち》をぶんなぐり未遂事件というのがある。

櫻川忠七というのは、吉原で売れた幇間で、あるとき日本橋倶楽部で温習会をやった。馬楽も助けで出る。朝の十時から始まり、夜の九時ごろまでだが、閉場まぎわになっても弁当がとどかない。どうやら忠七が、まぎわになって、弁松へ百個注文したらしいが、間に合わない。

とどいたころには、みんな帰ってしまって、すべてが無駄。

「あの野郎、なぐってやる！」と、馬楽がべろべろになって、吉原へ乗り込んだという次第。

酔った勢いで、忠七行きつけの寿司屋へ入ってあばれるが、これがとなりの店。ひどい酔虎伝となるが、結局、中に人が入って、まあまあとなる。あとで、となりの店へ最中《もなか》の折を持って詫びにゆく。「腹を立てると、出費も多くなる」と、馬楽はぼやいた。

それをきいて、小さんが、

「あれは、トンガリだよ」

が、命名の由来という。

円生の〝支那の留学生〟と小半治の〝メンコの頼朝〟は、その風貌からきている。私もあるとき、子供が遊ぶメンコの中に、源頼朝を見かけ、小半治そっくりなので、思わず吹き出したことがある。

円盛の〝イカタチ〟は、別稿（84頁）でくわしく述べてある。

五代目柳家小さんは、四代目小さんの直弟子であるが、入門したとき栗のような顔の印象から、「栗之助」の名前をもらった。別の名前をつけられても、〝栗〟とか〝甘栗〟と渾名されたことであろう。

志ん生の〝うわばみの吐き出され〟は、戦時中、志ん生の名とともに、人気上昇気運にのったころ、まだ頭には毛があった。

その毛がやわらかく、ボワーッとしていて、そこから、大蛇に吐き出された風情というところが語源らしい。「夏の医者」あたりからの発想かもしれない。

志ん生さんは満州へゆく前から薄かった。帰ってからはよけい薄く、〝うわばみの吐き出され〟は生きていた。文楽、金語楼がそうであるように、少しのびた毛を横ならびになぜつけていた。

めんどくさいやと、床屋へ行ってきれいに剃り上げてもらって、以来、丸坊主となる。放送局の専属になるころには、完全になくなっていたから、そのあたりが〝髪よさらば〟の限界であったろう。

それでも晩年は、床屋に月に二度ぐらいは行っていた。

志ん生さんには、〝うわばみの吐き出され〟のほか、〝死神〟と〝指出し奴〟という、あまり名誉でないニックネームもあった。

ごく若いころ、貧乏のどん底時代は、芸が暗かった。無理もない、生活がそのまま高座に出るものだ。

当然、着てるものもみすぼらしい。みすぼらしいから暗い。暗いから雰囲気も陰気になる。

「死神」という落語に、死神が病人のふとんの前で、しょんぼり座っているところがある。その連想であろう。

〝指出し奴〟は、相撲の呼出し奴から来ている。年中貧乏だから、仲間からいくらかずつ借りる。なかなか返せないからまた借りる。その借りるときの、指の出し方が語源らしい。

〝死神〟と〝指出し奴〟を卒業して、〝うわばみの吐き出され〟となったが、地位を増すごとにそれも消えて、最後は〝日暮里の師匠〟で通るようになった。

こうしたニックネームも、命名の主が御大小さんだけに、誰も文句はいえない。当の小さんにも〝湯上り〟というニックネームがあった。いつも赤ら顔で、湯上りのようだというのが語源のようだ。

誰がつけたかは判然としない。

あの日の出来事

「昭和十五年末東京落語家番附」というのが、『新演芸』昭和二十三年八月号に出ている。

相撲の番附見立てで、東の大関が春風亭柳橋、関脇が桂小文治、小結が林家正蔵、前頭が春風亭柳枝、三遊亭円生、蝶花楼馬楽、柳亭芝楽、三升紋弥。西の大関が三遊亭金馬、張出大関が桂文楽、関脇が春風亭柳好、小結が古今亭志ん生、前頭が三遊亭円歌、柳家権太楼、桂米丸、昔々亭桃太郎。

検査役が柳家小さんと桂文治。行司が柳亭左楽、三遊亭遊三、三笑亭可楽。年寄が桂小南、柳家蝠丸、三遊亭円橋。

番附作者は巳野歳男、字は橘右近。

このうち林家正蔵は初代三平の父。蝶花楼馬楽は、彦六になった次の正蔵。桂米丸はのちの古今亭今輔、昔々亭桃太郎は柳家金語楼の実弟。金語楼が載ってないのは、このころ俳優の鑑札をとり、落語から足を洗っていたためであろう。

春風亭柳枝とあるのは「エヘへの柳枝」で、間もなく故人（昭和十六年一月十四日没）となる。柳亭芝楽は次の八代目柳枝。年寄の柳家蝠丸は、十代目桂文治の父親と、いまとなっては、かなり説明を要する。

志ん生さんはその前の年（昭和十四年）三月に、金原亭馬生から五代目志ん生を襲名したばかり。

朝太から数えて実に十六回目、盛朝から数えると、実に十七回目の改名であった。男五十歳を迎えて、脂ののり盛りのときに当たる。

この番附を見て、志ん生、金馬、円歌には遠いあの日の出来事が、去来したに違いない。

遠いあの日とは、むかし志ん生と金馬のヒキによって、円歌が入門したときのことである。円歌（二代目）が初代円歌に弟子入りしたのは大正四年であるから、その一年ほど前のこととなる。

志ん生と金馬（三代目）は、志ん生のほうが四つ上で、入門は志ん生が明治の末、金馬が大正の初めだから、ほとんど同期生。金馬は志ん生を「孝ちゃん」と呼び、志ん生は金馬を「専ちゃん」と呼んで仲がいい。

三遊亭小円朝の一行が、北海道へゆく。そのとき小円朝は「三遊亭円朝」と名のっていた。円朝はすでに没して久しいが、その名は全国に轟いている。旅で師匠の名を名乗るのは、当時、大目に見られていた。

朝太の志ん生、歌当の金馬が、そのとき同道していた。

室蘭の神田館という小屋で、「三遊亭円朝来る！」という興行を打ったが、客が集まらない。おかしいなと調べてみると、すぐ近くの小屋で、アイヌの一座がかかり、浪花節と落語が混じる。その落語の三遊亭柳喬というのが、えらい人気で、それらの吸引力に負けているのだとわかる。

落語のほうに「柳橋」という大看板があるが、こちらの亭号は麗々亭である。ところがこちらの柳喬は「木」偏がない。三遊派と柳派をゴチャマゼというのがにくい。

第一、こちらには三遊亭の宗家である「円朝」が来るというのに、何の挨拶もないとはけしからん。

「野郎、にせものの皮をひんむいてやろう!」

と、朝太と歌当が、いきり立って、乗り込もうという。

「じゃァ、俺も一役買うぜ」

と、朝太の友達の窓朝（円生の弟子）の三人で掛け合いにゆく。

楽屋へ入って、はじめやんわりと切り込むと、奴さんおどろいたのなんの、

「ご、ご、ご、ご、ご、も、つ、と、も、で……」

と、吃音で口もきけなくなってしまった。

「ま、ま、まァ、まァ……」

というのみで、三人を近所の小料理屋へ連れ込んで、いろいろあやまりながら、酒をすすめる。酒には目のない三人のことだから、もうあまり強いことはいえない。

「あんた、いい声をしているよ。あたしたちより、うめえくらいだ。それだけの男前じゃァ、ご婦人がほっておかないだろうよ。あんたみたいな人が、東京に出てくればすぐ売り出すよ。よかったら、東京へおいでよ。世話ァするからさ……」

と、はなしがあべこべになってしまった。

それから一年後、その柳喬が、朝太と歌当を頼って、本当に上京してきた。まさか「あれは、冗談で……」ともいえない。

歌当は、初代円歌の弟子で、当時は内弟子をしていた。そろそろ内弟子の足を洗いたいなと思っているところに、柳喬の到来だから、これ幸いと師匠のところへ送り込む。そして歌寿美の名をもらう。

これが、若き日の二代目円歌であった。

円歌の吃音は最後まで治らず、しかも新潟市の生まれ。吃音と地方なまりという二つのハンディを背負いながら大を成したのだから、立志伝中の人といってよい。

円歌の吃音については、いろいろと逸話があるが、一番印象に残るのは、例の帝銀事件の犯人さがしが行われているとき、「年は五十前後で小柄。白髪まじりで、少し顔にシミがある」という触れに似ているというので、円歌が警官に呼びとめられた。

「君、職業は?」

「は、は、は、な、し、か、です」

「はなし家とは落語家か」

「は、は、は、は、い」

「はなし家がそんなはずはない。ちょいと署まで来てもらおう」

と、ひと晩ご厄介になったという。

それから約二十五年後、歌当は金馬となり、朝太は志ん生となり、柳喬は円歌となって、落語家番附の上位を占める。

なお、円のつく落語家は、正しくはみんな「圓」の字でないといけない。圓朝、圓生、圓蔵、圓歌……みな然りであるが、この二代目に関するかぎり断固「円」の字を用いた。

というのは、「はなし家は、どこか抜けてるところがないといけない」というのが持論で、なるほど「圓」の字は抜けるところがなく、「円」の字は下が抜けている。

志ん生代々

古今亭志ん生という名は、落語界の大看板である。志ん生さんが〝五代目〟だから先輩が四人いたことになる。

●初代志ん生

初代の志ん生は、江戸時代の人で、芸も人物も、スケールの大きな名人であった。俗称を清吉。初代三遊亭円生の門人で、はじめ円太といった。円生にはたくさんの弟子がいたが、円蔵とこの円太が抜群のうまさで、〝二代目円生候補〟を争っていた。ところが、円蔵が社交上手にモノをいわせて、二代目をいただくことになった。

失意の円太は、そのまま旅に出て、数年間消息を絶つ。この間ジックリと実力を蓄えて、江戸にもどると〝古今亭新生〟という、むろんそれまでにない新しい名で看板をあげた。芸はさらに一段と磨きがかかり、人気をよんで、たちまち一勢力をきずきあげた。

江戸を捨てた芸人が数年ぶりにカムバックするということも、宗家（三遊亭）にさからっての名乗りあげということも、大変きびしい試練である。そいつをあえてやってのけたのだから、その根性はおどろくべきものがある。のち〝真生〟さらに〝志ん生〟と文字を改めている。

〝八丁荒らしの志ん生〟と呼ばれた。

人情ばなしが特に見事で、「お富与三郎」や「九州吹き戻し」など、大円朝も舌をまいたほどで、敬意を表して円朝は自分もやらず、弟子たちにも禁じたという話さえある。

片目で顔にあざがあり、しかも片足が悪かったので、いつも駕籠《かご》で寄席に通ったという。俳句をよくし、寿耕の俳名でも知られた。

安政三年十二月二十六日没、数えの四十八歳。

●お相撲志ん生

二代目は、初代の弟子で寿六から今輔となり師名をついだ。本名福原常蔵。大兵肥満で腕力にすぐれ、ひところ力士を志したというところから、ひと呼んで〝お相撲志ん生〟という。「相撲伝」があり、「お富与三郎」「九州吹き戻し」は〝師匠まさり〟といわれたくらいの逸品だったという。

明治二十二年十一月二十四日没、五十七歳。

●軍鶏の志ん生

三代目は本名和田岩松。直系ではなく、はじめ立川談志の弟子で談笑といい、のち二代目古今亭今輔の門下に転じてむかし家今松、のち五代目雷門助六となって、明治四十三年に志ん生の三代目を襲いだ。もっとも晩年に、さらにもう一度古今亭雷門とかえ、また志ん生に戻ったりしている。

愛称を〝軍鶏《しやも》の志ん生〟。

志ん生を二回も襲いだという、芸歴でもわかるように、芸風も初代、二代とは打ってかわって、滑稽ばなしを得意とした。つまり、いまでいう爆笑落語である。声色もうまく、とくに歌舞伎の市川団十郎は圧巻だったという。

大正七年五月十日没、五十四歳。

●黒馬生

四代目は本名を鶴本勝太郎。〝鶴本の志ん生〟である。

これも、三代目の直系ではなく、二代目今輔の門人の今の助をふり出しに、のち三代目志ん生の預り弟子となり今松、小助六、志ん馬を経て、六代目の馬生となる。

この馬生は当時大阪にも馬生がおり、名古屋からこちらなら大丈夫と同じ馬生を名乗る。ところが大正八、九年ごろ、大阪の馬生が東京に戻って来たので、やむなくビラ字の色で大阪を「赤馬生」、東京を「黒馬生」と区別した。

四代目志ん生を襲名したのは大正十三年十月。

それから一年ちょっとの大正十五年一月二十九日没、四十八歳。

大阪生まれの東京育ち。馬生時代にアメリカ巡業など、かわった経歴の持ち主で、奇行も多く、小唄、端唄などにも絶妙な味をみせ、通な客のあいだに大きな支持を得ていた。いうなれば、〝粋人〟の部に入る、いかにも芸人らしいタイプであった。「三軒長屋」「あくび指南」「妾馬」などは売りものだった。ただ大酒飲みというのも五代目に似る。

そして五代目の志ん生襲名は、昭和十四年三月であるから、その間十三年間、この名跡はブランクであったことになる。なぜそんなに長い空白があったのかというと、四代目がなくなるとき、関係者を枕元に集めて、

「志ん生てえ名前は、いい名前なんだが、どうも代々早死にでいけねえ。もうオレかぎりで、志ん生てえ名前はつくらないでくれよなァ……」

と、しみじみいい残したという。つまり遺言である。そういえば初代が四十八歳、二代目が五十七歳（生年が不詳のため推測）、三代目が五十四歳、四代目が四十八歳だから、平均五十二歳に及ばない。この遺言を知っているだけに、誰も手を出さなかったのである。

●五代目志ん生

だから、馬生から志ん生になるについて、落語協会会長の六代目一龍斎貞山から、下話のあったとき、まずりん夫人が大反対した。夫人にすれば、長い苦労が実って亭

主が志ん生を襲いだはいいが、コロッといかれた日にはたまらない。未亡人などなりたくないからである。

このとき、志ん生は、かみさんに向かって、

「べらぼうめえ、冗談いっちゃァいけねえや。志ん生になると、みんな患うの、早死にするなんてえことが、法律できまってるわけのもんじゃァあるめえ。こういうこたァ、その人の持ってる運勢だァな。オレがもし、志ん生になって、患うんなら、むしろ本望だよ。もしも、長生きして、ウンと看板を大きくしたら、代々の師匠も喜んでくれるだろう。どうだい、文句あるかい」

そういって、一流の強情を押し通した。四十九歳のときだ。

タンカ通り長生きして、功成り名を遂げて、志ん生の名を富士の高さにまで押し上げたのだから立派である。初代のど根性にも匹敵する。

没は昭和四十八年九月二十一日、八十三歳。

この志ん生を〝飲ン兵衛の志ん生〟と呼ぶか、〝美濃部の志ん生〟と呼ぶか、〝日暮里の志ん生〟と呼ぶか、〝名人志ん生〟と呼ぶかは、さらに後生の評価になる。

このように志ん生代々は、すぐれた芸人揃いであるが、〝人と芸〟では、初代と五代目が、圧倒的にぬきんでる。代々に共通する芸の流れは乏しいが、初代、二代の人情ばなし、三代、四代の滑稽と粋なはなしの、双方を巧みにミックスしたのが、五代目の志ん生さんということになる。

陽気で面白い芸

志ん生さんが師匠と仰いだ人を振りかえる。

はじめの師匠は三遊亭円盛であるが、これはノンプロ時代だから、はなし家以前と考え除外していい。

最初の師匠は〝名人〟といわれた四代目橘家円喬であるが、明治四十年ごろに入門して、その数年後の大正元年（明治四十五年）十一月二十二日に、師匠が没しているので、この師弟関係は薄い。

〝もし〟という仮説でいうと、志ん生さんの父美濃部戌行は、もと旗本でかなりの遊び人だったらしく、〝鼻の円遊〟といわれた初代三遊亭円遊、それに〝ヨカチョロの遊三〟といわれた初代の三遊亭遊三と親交が深かった。

もし、志ん生さんが家を飛び出すことをせず、そのまますんなり落語界入りを認められていたとすれば、親父の線から円遊か遊三のどちらかの弟子になっていたかもしれない。

円遊は明治四十年十一月二十六日没、五十七歳だから、志ん生さんとは落語界の入れ違いとなり、遊三は大正三年七月八日没、七十四歳だから、これも縁の薄い人となる。円喬も円遊も、円朝門下である。

「疝気の虫」と「火焔太鼓」は、この遊三ゆずりという。「火焔太鼓」は若いころにきいて覚えていて、二十年近くたった昭和のはじめ、自分流に演出したのがうけて、十八番になったのだという。

第二の師匠は、二代目三遊亭小円朝。まだ前座のころに師匠（円喬）と別れたから、当然新しい師匠を選ばなければならない。折合いが悪かったのか、志ん生さんはあまり多く、小円朝を語っていない。

「小円朝は円朝の物真似に過ぎなかった」という芸評もあり、しっかりした芸の骨格を持っていたが、すべてが地味であった。

第三の師匠は六代目の馬生。のちの〝鶴本の志ん生〟である。

この人は、芸も良かったが、人間も〝奇人〟で鳴った。明治から大正にかけてのころの落語界の〝奇行三羽烏〟とうたわれたのが、〝狂馬楽〟こと三代目蝶花楼馬楽、〝盲小せん〟こと初代柳家小せん、それにこの鶴本の志ん生であった。

三人は大変仲がよく、若いころ、浅草のオンボロ空家を共同で借りて住んだことがある。当時の下町は蚊が多い。そこで三人であり金をはたいて、古蚊帳を買うことに相談がまとまった。買いに行ったのは、一番兄貴分の馬楽であったが、何と馬楽が買って来たのは、蚊帳ではなく、中国の史書『三国志』である。

「冗談じゃァねえぜ、蚊帳と本とまちがえる奴があるもんか」

「なァに、おめえたち、蚊に喰われなきゃァいいんだろう」

馬楽はその晩、夜っぴて本を読みながら、ウチワで寝ている二人を扇いでいたという。こんな、哀しくもおかしい話はこのトリオにいくつもある。

こういう〝奇人ぶり〟が、志ん生さんのガラに合ったのであろう。小粋なはなし、特に音曲入りのはなし、たとえば「稽古屋」などは、この鶴本の志ん生に負うところが大きい。

正式な師匠ではないが、〝盲小せん〟といわれた初代柳家小せんから学んだ学問は、のち志ん生を大きくする。

小せんは〝天才〟といわれる逸材であったが、道楽がすぎて二十七歳で腰が抜け、三十歳で失明し、かみさんも花魁《おいらん》上りという徹底した軟派。それをまた芸の上に生かし切った。大正八年五月二十六日没、三十六歳。

晩年の数年間、寄席に出られないため、月謝をとって、自宅で〝落語教室〟を開いた。その中に、志ん生さんもいた。円生もいた。文治もいた。円生は「居残り佐平次」をモノにし、志ん生は「茶汲み」「お直し」「首ったけ」を得たという。

第四の師匠……これは、落語ではなく講談の小金井芦洲。〝名人〟といわれた三代目の芦洲である。

志ん生が講談の先生を師匠としたというのは、不思議に思えるが、ひところ、関東大震災（大正十二年）の直後から、ほんのわずかの間、この芦洲の弟子となり、小金井芦風の名で、講談師をつとめていたことがあったのである。

「芦洲先生てえひとは、人間はズボラだが、芸のほうは本当に名人でしたねえ。『塩原多助』もよかったが、『安政三組盃《みつくみさかずき》』だの、『吉原百人斬り』だの、そのうまさなんてえものは、こんな人がいるのかと思うくらいで、いまでも、あたしの耳に残っていますよ」（志ん生談）というくらいうまかった。

これは志ん生が落語界をしくじって、新しい道を講談にもとめていたときの師弟関係であるが、師とあおぐには飲ン兵衛で、ズボラすぎる人間を承知で、その芸に惚れて飛び込んだものだ。芦風の名で神田の小柳など、一流の釈場（講談席）へ出たこともあり、志ん生の芸のプラスになっていることは、いうまでもない。

芦洲もかつては、小円朝門下で泉水亭金魚といって落語家であった。いうなれば小円朝門下の兄弟弟子ということになる。没は大正十四年七月十日、四十九歳。

第五の師匠が初代柳家三語楼。大正の末から昭和の初めにかけて〝ハイカラ落語〟で一世を風靡《ふうび》した人気もので、はじめ円喬門下で右円喬だから、志ん生さんとは年の離れた兄弟弟子になる。

その全盛期、門下に馳せ参じた人は、柳家金語楼、権太楼、柳家三亀松、林家正蔵など多数であったが、晩年はみんなに背かれて、志ん生さんだけが死に水をとった。人間的な魅力には欠けていたといえる。没は昭和十三年六月二十九日、六十三歳。

志ん生の芸は、その門下だった甚語楼時代から、地味でうまいから、陽気で面白い芸に変わった。これは三語楼から学んだものが大きく、派手なジェスチュアの入るフラは、二代目古今亭円菊に受けつがれた。

正岡容と安藤鶴夫

安藤鶴夫《あんどうつるお》と、正岡容《まさおかいるる》——。

寄席演芸に関心をもつ人……とくに活字の上で落語を鑑賞し、研究しようとするファンにとって、この二人は〝大学〟であり、〝大学院〟でもある。私も、そういう仕事を、ズーッと続けているだけに、この二人の偉大さがよくわかる。

二人の著書、あるいは著作はすばらしく多い。著書だけでも……むろん中には、共著や監修といったものも含めて、正確ではないが、正岡氏も安藤氏も数十冊を数える。安藤氏のほうが多い。その大半は落語に関係がある。

それらは、古本屋を丹念に探せば、買いもとめることが出来るが、もとめることの出来ないのは、その肉声であり、放送作品である。

●正岡容「夏なれや」

安藤氏の場合は、自ら書き、自ら朗読する「志ん生復活」、正岡氏の場合は、自らの作品を志ん生が演ずる「夏なれや」。ともに古今亭志ん生のためのラジオ作品で、二人の志ん生に対する、なみなみならぬ惚れ込みかたが、この珠玉篇を生んだ。作品としては「夏なれや」が先である。

「夏なれや」は、正岡容構成、古今亭志ん生演。ナレーターは声優田村淑子がつとめる。ニッポン放送の制作で、昭和三十三年四月十四日に放送され好評を博したもの。

正岡氏は、年少のころから、寄席演芸に耽溺《たんでき》した作家で、自らも大阪で、三代目三遊亭円馬の門に入って、ひところ落語家として、高座に立ったほどだ。東京の下町……それも江戸から明治にかけての、あの小林清親《きよちか》描く絵の世界のような情緒をこよなく愛し続けた。詩があり、かなしさがあるのが、この人の作風であった。

東京の、下町の、夏の風物詩を、志ん生のたくみな小ばなしを中心に、オムニバス風に織りなしたこの作品は、もっとも〝いるる好み〟の掌篇といってよい。正岡氏と志ん生は、正岡氏が「正岡蓉《いるる》」の名で、小説を書き、そして半分は芸人であり、志ん生のほうはまだ「柳家甚語楼」といって、さして売れないはなし家であったころからの、付き合いだから、大変に古い。二人とも、負けず劣らずの酒飲みだけに、ともに酔い、ともにわめき合った仲なのである。

「蛙の遊び」「甘酒屋」「夕立ち」「放れガメ」「カブトの助言」……と数えると、この作品の中に、小ばなしが九つも入っている。いずれも、いわゆる江戸小ばなしで志ん生が高座で、よくやっていたものである。無数といってよいほどの、志ん生小ばなしの中から、コレはここ、ソレはそこと、ひとつひとつを指定しての構成は、志ん生のすべてを知りつくしていればこその芸当であり、ヴェテランの仕事である。キメのこまかさが全篇を貫いている。

向う河岸の灯消え星消え花火消え　かなしさのみが残りけるかな

と、ラストを吉井勇氏の歌で締めくくる。その吉井氏は、正岡氏が師事した歌人である。

正岡氏はこの作品を残した年（昭和三十三年）の十二月七日、五十三歳で没した。

●安藤鶴夫「志ん生復活」

「志ん生復活」は、安藤鶴夫作ならびに口演によるラジオ・エッセイ。昭和三十八年二月六日、ニッポン放送より放送されて、多くの感動を与えた名作。

志ん生が、読売巨人軍の優勝祝賀会の会場である、ホテルの余興の高座で、脳出血で倒れたのが、昭和三十六年十二月十五日であり、一時は全く重体をつたえられながら、入院約三ヵ月、そしてそれに続く自宅静養で、奇跡的なカムバックを見せて、新宿末広亭の高座から、再起第一声を放ったのが、翌年十一月十一日であった。

志ん生の体をいたわりながら、その再起を我がことのように喜ぶ、安藤氏の愛情があふれる。

正岡氏の話術も、本職ハダシでうまかったが、安藤氏も、さすが芸にきびしい劇評家らしく、江戸っ子弁のよさ、美しさを話芸の手本でも示すかのように、かくも見事に、あざやかに繰り広げてくれる。グイグイグイと、きくものを引きずり込む。

志ん生の、喰う寝るところに住むところは、作品の中では、荒川区日暮里九丁目一一一四番地になっているが、その後の住居番号の変更で、荒川区西日暮里三丁目十六番地八号となった。外見や家族構成は、少しもかわらない。

岡本文弥（四代）の新内「なめくじと志ん生」が、ほんの少し入っているが、これは志ん生の古い知人である文弥が、志ん生のために特別に作詞・作曲、そして自ら演じたもので、

〽神田亀住町に女ありけり
ある夜、一升徳利を夢みてはらみけるが
明治二十三年六月五日
月みちて男子出生
そのとき町内に酒の香ただよい、町の人々へべのれけとぞなりにけり

と、志ん生誕生にはじまり、十八歳で名人円喬の門に入って、朝太を名乗ってから四十九歳で志ん生を襲《つ》ぎ、そして功成り名を遂げるまでの道程をふりかえる。貧乏のどん底時代、本所業平の〝なめくじ長屋〟で、苦労を共にしたなめくじ連中が、成功した志ん生一家を祝福しようと、大挙して西日暮里まで押しかけるという、コミカルなストーリー。全編は別稿（１４２頁）で紹介してある。

故小泉信三氏がいつもききほれたという大津絵「冬の夜に風が吹く」と、志ん生の再起第一声となった落語「替り目」は、多くの「志ん生全集」の中に収録されているから、お馴染みのはずだ。

ともかく、この作品の中で、志ん生に、

「体が大事だよ。酒飲んじゃダメだよ」

と、忠告しつづけている作者安藤氏が、志ん生よりも十八歳も若いのに、先に人生の高座を去った。大変な皮肉であり、大きな損失である。昭和四十四年九月九日、六十歳であった。

私にはそんな名作はないが、昭和三十九年の夏、毎日版『びんぼう自慢』の出たあと、テレビドラマ化の話が舞い込んだことがある。

主演は志ん朝。東宝製作でフジテレビ放映で二十六話。志ん生さん自身、ナレーターをつとめるという、魅力ある企画であった。

三人ほどのライターの中に私も選ばれ、第一稿を、それぞれ二、三話ずつまとめたところで、企画中止となった。真相はよくわからないが、志ん生さんの健康と、それに志ん朝が、「オヤジの役は出来ないよ」と、辞退したのが原因であったようだ。

テレビの仕事は流れたが、その後、あちこちで出た志ん生作品のレコードや、全集といった出版物に、私がほとんど監修をやらせていただいたのは、ありがたいことであった。

志ん生は愛妻家

昭和三十八年というと、七月に志ん生は病気のため落語協会の会長を辞し、八代目桂文楽が二度目の会長になる。志ん生は最高顧問。

ようやく体調は回復して高座への出演も多くなるが、前に釈台（講談師が使う台）を置き、イタツキ（あらかじめ座ったまま）上演。発病前とは違って、間を取ったしゃべり方に変わっていた。

そのころ、早稲田大学の落語研究会が、落語に関する実態調査というのを、機関誌『わせだ寄席』（第四号）にのせたことがある。一二七三人にアンケートを出してまとめたもので、好きな落語家三人をあげた人気投票では、志ん生が三四一票で最高点。あと金馬、円生、志ん朝、文楽、三平、小さん、痴楽、今輔の順。病後なのに、ダントツの一位であった。

もし、いま、「戦後の落語家ベストテン」を選ぶとしたら、おそらく志ん生が一番であろう。志ん生のレコード、カセット、CDはいまも衰えることなく、現役の誰よりも売れている現実は、誰も否定出来ない。

志ん生の落語の中で、一番はなに……、ということが、よく論議される。

「志ん生の火焔太鼓か、火焔太鼓の志ん生か」といわれるほどだから、やはり〝火焔太鼓〟が一番であろうという声がある。

「志ん生は、廓ものが一番さ。芸術祭賞を取った〝お直し〟こそ、志ん生の代表作である」という声がある。

「志ん生は愛妻家である。女房のことをボロクソにいいながら、実は感謝している。愛しているのだという元帳を見られる〝替り目〟こそ、志ん生の心情を見る一席」という声がある。

「志ん生の志ん生らしさは、長屋ものにある。落語に出てくる長屋の連中は、なめくじ長屋時代の仲間たちだ。〝三軒長屋〟や〝らくだ〟それに〝黄金餅〟などが光る。

特に、黄金餅の道中付けなどは圧巻だ。志ん生の成果は、長屋ものにあり」という声がある。

「志ん生の真骨頂は、まくらの小咄にあると思うな。どの落語にも、まくらに神経をくばっている。まくらこそ、志ん生そのものだよ」という声がある。

選ぶ自由はファンが持って当然であるが、滑稽ばなしから人情ばなしまで、自在にこなした点では、やはり志ん生に勝る人はいない。

昭和二十九年一月の『週刊サンケイ』の読物号に、福田蘭童《らんどう》氏と志ん生の対談があり、福田氏が、「いままでお演りになったもので、一番いい落ちだなと思ったはなしは何ですか？」ときいている。

「そうですね。いろいろありますよ。だけど、はなしのサゲもずいぶん種類がありますね。まあね、わたしたちがバレといってるものに、いいものがあるんです」

「しかし、バレじゃ、公開の席では演れないでしょう」

「ええ、お客に呼ばれて、座敷やなんかで演ってくれっていわれれば演りますけどね、変に取るからいけないんですよ」

「僕も三つくらい、きいたことがある。けど、高座で演っても、決しておかしくないと思いましたよ」

のあと、しばらく考えた志ん生は「こういうのがあるんですよ」と、「甚五郎作」という一編を披露する。あらすじを説明して、

「なァるほど……」

と、福田氏が感心したところで終わる。

この「甚五郎作」というのは短編で、時間の短いときは、時たま寄席にかけたことはあるが、たいてい「鈴ふり」のまくらに用いた。志ん生の演じた短編は、こんな一席になる。

むかし、町の娘が大名の目にとまって、屋敷の奉公に上がる。そういう娘がたくさんいるから、若さゆえに体のほうがいうことをきかない。

その時分、両国（日本橋側）に四ツ目屋という店があって、張形を売っている。それをコッソリ買いに行く。……などがあって、

えー、そうやっているってェと、もう年ごろになったからお暇が出た。実家ィ帰

ってくる。家へ戻って来るってェと、どうもこのお嬢さんの体のぐあいが、変だ。すぐに医者を呼んで見せるってェと、
医者「お娘御は、ご妊娠をなさっております」
おッ母さんが驚いた。一人娘が妊娠をしているてンですからな。
母「おまいさんは、行儀見習のために、お座敷にご奉公にあがって、なンです、それは！　どういうわけでそういうことになったんですか？　エッ、お言いなさい！」
といわれたときに、その娘、下ァ向いて、顔ォ赤らめ、畳に〝の〟の字を書きながら、
娘「あたくしは、決して男なンぞは存じません！」
……年ごろになるってェと、どんないいところの娘でも、やっぱし、その……お色気てェものが出て参ります。人を見て、〝あァ、いい男だナ〟と思って、人に言えないので病《わずら》うのを、これを〝恋病い〟てェますナ。けれど、いい男を見て〝恋病い〟するのと、中にはいい男もなンも、相手を見ないで病っちまうのがある。こういう娘さんに会うと、おッ母さんも苦労ですナ。
母「相手は誰です？」

娘「あの……べつに……」
母「うそォ言いなさい。相手はどなたですゥ？」
娘「あの……おッ母さんがいいと思うかた……」
母「そんな話がありますか。重二郎様ですか、金之助様ですか？　それとも花之丞様……」
娘「いいえ……」
母「相手はだァれ？」
娘「だれでもいいの……」
誰でもいいのってェのは〝恋病い〟じゃない。ただ、男が恋しくなっちゃうんですナ……。
だが、この娘さんは、なんしろ妊娠をしてるッてンですから、誰でもいいってェわけにはいかない。
母「おまえ、赤ちゃんができたじゃないか。相手をお言い、相手を……」ッてんで、いくらたずねても、どうしても言わない。
母「相手がなくって、おまえ……赤ちゃんができるわけがないじゃないか」

といって、娘の手文庫を調べてみたら、その例の……張形が出て来た。

母「これで赤ちゃんができンですか、えッ、おまえ、これで赤ちゃんができるとでもいうのかい？」

といいながら、おッ母さんが、その張形をヒョイッと裏返したら、〃左甚五郎作〃と書いてあった――。

ドーッと爆笑の起ることとは必定である。

この一席など、志ん生以外、誰も成功しない艶笑ばなしの粋といってよいかもしれない。

ほんとの火焔太鼓

志ん生さんを見た、聞いた中にこんなのがある。

まだ人形町末広があったとき、ある独演会で、珍しく「三題ばなし」を演った。中トリのとき、あらかじめ題をもらう。五つ六つの題の中から、志ん生さんは「印籠《いんろう》」「ひぐらし」、それにもう一つ、たしか「天丼」という題をもらい、トリの高座でそれを封切ったのである。そのとき、私は客席にいた。

休憩が入って、膝がわりが出るから、モノの三十分ぐらい、想を練る時間があった。あるいは作者がついていたのか、そのあたりはわからない。

何でも腹のへった侍が、天丼を食べるが、自慢の印籠を落としてしまって、それをサゲにひぐらしをあしらって納めたというような一席で、もちろんこまかくは覚えていないが、まず器用にまとめ、大きな喝采を浴びたのは印象に濃い。

その後、志ん生さんのこうした催しは聞いたことがない。戦後のひところ、三題ばなしが流行ったことがあり、ＮＨＫでも一般から題を募集して、作者が作り、演者がそれを演ずるという番組をやったことがある。そうした中のひとつの試みのように思われた。

三題ばなしというのは正しくはルールがあり、「もの」「出来事」「地名」「人」の中から題を選ぶときまっているのだ。この人形町末広のときの出題は少々違法であるが、まとまりの点では成功であった。

いつだったか、この話を志ん朝にしたところ、「うーん、きっと、サクラがいたんでしょう」といっていた。題を出す中にサクラがいて、志ん生のつくり易い題を出したのだろうというのである。

志ん生さんには自作の小ばなしがいくつもあり、落語作家としての手腕も、かなりのものがあったのではないかという私の認識は、いまでも消えない。

放送局の人に聞いた話であるが、もちろん戦前の話。あるとき新宿末広の生放送で、志ん生が少し酔って、遅れてやって来た。題は「火焔太鼓」。合図の出し方もまずかったのだろう。二分ばかりアケて下りてしまった。さあ、大変。志ん生は、楽屋でやおらバチを取って、自分で太鼓を、終了の時間まで、うち続けたというのである。あとで志ん生、平然として、「これが、ほんとの火焔太鼓」。

あとできくと、その日は尾上菊五郎のオゴリで、銀座で飲んでいて、ヒョイと気がつくと、もう五時すぎ。放送は六時からなので、あわてふためいて、駆け込んだのだそうである。

東横落語会に出掛けた人から聞いた話。

その日は小さん、志ん生、三木助、文楽というプログラムで、小さんの「三人旅」が終わると、突然、幕が下りる。「志ん生師匠が、まだ来ないんで……」という、楽屋の騒ぎは、客にはわからない。志ん生どころか、楽屋にはまだ誰も来ていない。

小さんがもう一度上がって、まくらを始めると、やっと三木助が来て、バトンタッチ。終わって中入りとなる。「志ん生は、もう来ないぜ」と、客席のあちこちがざわめく。やがて幕が開くと、「鮑のし　古今亭志ん生」と出る。

「一丁入り」の出囃子にのって、ヌッと志ん生。足もとが危ない。一見して酔っている。それでもピタッと高座に座り、一礼して黙って客席を見渡して、しばらくの間を置いて、

「ええ、ちょいと、事故がありまして……」

と第一声で大爆笑。あとは志ん生ペース。満足の拍手が場を包んだ。

病後の付き人だった古今亭円菊に、新宿末広でひっくりかえった話をきく。

体の不自由になった志ん生は、おんぶされて楽屋に入る。幕を下ろし、釈台を用意し、座布団の後ろに、籐《とう》の座椅子を置き、準備万端整ったところで、出囃子を入れ、円菊が師匠をおぶって出て、板付きで幕が開き、「えー、……」と始まるのが、その時分の高座風景であったが、幕が開いた途端、志ん生はゴロンと倒れてしまった。座椅子にうまく腰がのらなかったのである。

爆笑のうちに大あわて、大あわての中にまた大爆笑があって、「えー、そういうわけでありまして……」と、始まった。

戦前の話を、百面相の波多野栄一にきいた。波多野は、将棋で志ん生さんとは、一番の好敵手であった。神田花月で、志ん生が飛び込んで来て、

「栄ちゃん、急ぎだから、すまないが先に上げておくれ」

と、ずいぶん忙しそう。栄一は出番を譲る。

志ん生は「後生うなぎ」を何とモノの三分足らず、「赤ん坊を、川へボチャーン」

まで演って下りて来た。その見事なこと。客は二十分か三十分も聴いたように、酔っている。袖で聴いて栄一は、「こんなうまい人と、一緒の高座に上がるなんて、おそろしくなった」と述懐していた。

志ん生さんご本人からきいた話。

大正十年九月。金原亭馬きんで真打になったとき、上野鈴本の席亭が面倒見てくれた。真打披露は上野鈴本から始まる。披露までは金もかかる。どうせ準備金はないだろうと、ポンと二百円を貸してくれた。当時の二百円は羽二重の着物に、羽織、袴の一式を揃え、半纏《はんてん》を染めて、配りものの手拭い、扇子などを揃えても、まだおつりが来るという大金だ。目もくらむようだ。

ところが、志ん生さんは、モートルとチョーマイですっかり使い果たし、用意は何も出来ない。寄席のほうは、南部の芸者を七、八人呼んでにぎやかにし、講談の芦洲をスケに呼ぶなど準備OKで、初日から大入り。

席亭が楽屋へ来て、ニコニコ顔で、

「さあ、馬きんさん、そろそろ支度したほうがいいよ」

という。志ん生さんは寝間着みたいなものを着ている。

「支度は、もう出来ています」

「冗談じゃない、そのナリで……」

「そうなんです。ほかに着るものないんです。第一、あたしから、ゼニィ貸してくれって頼んだわけじゃァない。旦那のほうから、勝手に貸してくれたんでしょう。二月も三月も前のゼニなんぞ、今ごろあるわけがないでしょう」

ずいぶんと手前勝手な屁理屈で、ほんとなら、横っ面を三つ、四つ引っぱたかれるところであるが、そこは大きな寄席の大旦那、グッとこらえる。

「しようがないから、このまんま、高座ァ上げさせてもらいます。紋付、羽織、袴でなきゃァいけないのなら、大神宮のお札くばりかなんか呼んで、高座に上げりゃいいでしょう。あたしは、これでもはなし家なんだから、ナリで見せるんじゃない。芸できかせりゃいいでしょう」

とタンカを切る。大旦那はあきれて向こうへゆく。

さあ、ここまで来ると真剣勝負。満員の客を一人も立たせずに勝負した。終わって、打ち出しの太鼓が鳴ったとき、志ん生さんは本当に腰が抜けるほどであったという。

志ん生名演集

志ん生の名演集といったものは、生前から手をかえ品をかえて、レコードにカセットに、CDにと何度も練りかえされて出ている。

いつ、いくつ、どこから出たかは、枚挙にいとまがないほどだ。名演がいくつもあるわけではないので、どこでも同じ音源。作品の質と数の勝負ということになる。

もし、お勧め品の品定めを求められたら、私は、こんなのを推薦したい。

平成十一年四月にポニーキャニオンから出た「五代目古今亭志ん生　名演大全集」というCDで、計一一八篇が網羅されている。（編集部註　一九九九年当時）

次のようなレパートリーだ。

★長屋ばなし・武家ばなし　編

火焔太鼓　妾馬　鮑のし　搗屋幸兵衛　黄金餅　らくだ　三軒長屋（上・下）　大山詣り　富久　厩《うまや》火事　稽古屋　井戸の茶碗　水屋の富　今戸の狐　替り目　締め込み　粗忽長屋　紀州　庚申待《こうしんまち》　唐茄子屋《とうなすや》政談　強情灸　道灌　柳田格之進　岸柳島　大津絵－冬の夜　三味線栗毛　抜け雀　たがや

★廓ばなし・艶ばなし　編

二階ぞめき　三枚起請　五人廻し　居残り佐平次　品川心中　文違い　お直し　首ったけ　子別れ　吉原風景　付き馬　干物《ひもの》箱　駒長　幾代餅　風呂敷　つるつる　たいこ腹　紙入れ　ふたなり　百年目　五銭の遊び　疝気《せんき》の虫　羽衣の松　鈴ふり　うなぎの幇間《たいこ》　お初徳兵衛　六尺棒　姫かたり

★滑稽ばなし・芝居ばなし　編

はてなの茶碗　まんじゅうこわい　千早振る　千両みかん　親子酒　芝浜　天狗裁き　安兵衛狐　たぬさい　犬の災難　真田小僧　後生うなぎ　蒟蒻《こんにゃく》問答　泣き塩　無精床　権兵衛狸　王子の狐　元犬　宿屋の富　穴どろ　寝床　探偵うどん　おかめ団子　祇

園祭り　金明竹　文七元結　素人相撲　猫の皿　中村仲蔵　淀五郎　あくび指南

★怪談ばなし・お化けばなし　編

怪談阿三《おさん》の森（上・下）心中時雨傘（上・下）江島屋騒動（上・下）穴釣り三次（上・下）牡丹燈籠　鰍沢《かじかざわ》　吉原綺談（上・中・下）因果塚の由来－お若伊之助

藁人形　宮戸川　もう半分　お化け長屋　三年目　へっつい幽霊　一眼国

★人情ばなし　編

名人長二（一〜五）粟田口　御家安とその妹　前編（上・下）後編（上・下）塩原多助－道連れ小平（上・下）寄席のおはやし集　塩原多助－山口屋のゆすり　小間物屋小四郎　安中草三《そうざ》牢破り（上・下）しじみ売り　佃祭　大津絵－江戸の四季

浜野《はまの》矩随《のりゆき》　おせつ徳三郎－刀屋　火事息子

これは志ん生がかつて専属であったニッポン放送の音源を中心に、ＮＨＫ、東宝ミュージック（東宝名人会）の録音から集めたもので、おそらく志ん生のものすべてといってよい。

志ん生がニッポン放送の専属になったのは昭和二十九年七月で、当時の録音テープは高価のため、消して使うことが、どこの放送局も義務化されていたため、三十年ごろまでの志ん生の声は消されている。このころが志ん生の全盛時代であったのを思うと、まことに残念である。

人情ばなしは主に病後が多い。病後は少し間を取ったしゃべり方になっているので、人情ばなし、怪談ばなしという分野には案外向いていたのかもしれない。かつて、名人円喬を師とし、その師匠の大円朝にあこがれた志ん生の、円朝追慕がその人情ばなしの中に光る。

志ん生家には、あまり大きくはないが書棚があり、『円朝全集』全十三巻がならんでいた。円朝シリーズを演る放送の前になると、毎日それを読んでは構想を温めてマイクに臨んでいた。大長編を巧みにカットして、志ん生流の中編にまとめた脚色力も、なみなみならぬものがある。

もうひとつのお薦め品は、「山藤章二のラクゴニメ」（落語＋アニメの造語）のヴィデオである。

志ん生は時代が少し早すぎて、高座のヴィデオは二、三本ある程度。カラーはない。これは、似顔絵の第一人者山藤章二が、〝動く志ん生〟として、アニメにしたもの。「火焔太鼓」「黄金餅」「替り目」「強情灸」「妾馬」「たがや」「あくび指南」「うなぎの幇間」「大工調べ」「親子酒」「稽古屋」「金明竹」「風呂敷」「饅頭こわい」「鮑のし」「こんにゃく問答」に、続編として「小噺十八番」が収録されて全十二巻。

平成五年十一月は、このヴィデオが発売される直前であるが、新宿末広で披露を兼ねて、「古今亭志ん生復活寄席」を開催したときの騒ぎといったらなかった。寄席の定席のハネるのを待ちかまえての開場で、夜の九時半に近いのに、長蛇の列が延々と連なった。「志ん生」の三文字の吸引力であったろう。

「名演大全集」のほうは、私もタッチさせてもらった。セットで十万円。「ラクゴニメ」は一巻五千円。いまも、ポニーキャニオンの通販部で買うことが出来る（編集部註　一九九九年当時）。

古今亭志ん生　年　譜

小島貞二・編

《明治期》

●一八九〇（明治二三）年　＊父・美濃部戍行、母・志うの五男として六月二十八日神田亀住町（現・千代田区外神田五丁目）に生まれる。本名は孝蔵。父は元幕臣、当時は警視庁巡査。

●一八九七（明治三〇）年　＊下谷尋常小学校に入学。下谷区下谷北稲荷町に住む。

●一九〇一（明治三四）年　＊小学校卒業間際に、退学。奉公に出される。

●一九〇四（明治三七）年　＊浅草区浅草新畑町に移転。本籍となる。

●一九〇五（明治三八）年　＊三道楽を覚え、父に叱責され家出。

●一九〇七（明治四〇）年　＊三遊亭円盛の弟子になり天狗連に入る。芸名は盛朝。

●一九〇八（明治四一）年　＊四代目橘家円喬門に入り、朝太。

●一九一一（明治四四）年　＊母・志う死去。菩提寺還国寺に葬る。

《大正期》

●一九一二（大正一）年　＊二代目三遊亭小円朝一座と共に旅巡業。最初の師匠四代目橘家円喬没。

●一九一四（大正三）年　＊父死去。七十歳。

●一九一六（大正五）年　＊三遊亭円菊と改名。小円朝門下。

●一九一八（大正七）年　＊六代目金原亭馬生門に転じ、金原亭馬太郎と改名。

●一九二一（大正一〇）年　＊金原亭馬きんで真打。七回目の改名（三遊亭朝太→三遊亭円菊→金原亭馬太郎→全亭武生→吉原朝馬→隅田川馬石）

●一九二二（大正一一）年　＊清水りんと結婚。下谷清水町の床屋の二階に新居。

●一九二三（大正一二）年　＊本郷動坂で関東大震災。落語東西会に所属。

●一九二四（大正一三）年　＊長女美津子生まれる。北豊島郡滝野川町田端に転居。

●一九二五（大正一四）年　＊次女喜美子生まれる。豊多摩郡代々幡町笹塚に引っ越し。

《昭和期》

●一九二六（昭和一）年　＊上野鈴本で古今亭馬生の改名披露（馬きん→古今亭志ん馬→小金井芦風）

●一九二七（昭和二）年　＊初代柳家三語楼の内輪となり柳家東三楼。

●一九二八（昭和三）年　＊長男清（十代目金原亭馬生）生まれる。

●一九三〇（昭和五）年　＊本所区業平橋一丁目十二に引っ越す（なめくじ長屋）。柳家ぎん馬→柳家甚語楼と改名。

●一九三二（昭和七）年　＊古今亭志ん馬（二度目）と改名。

●一九三四（昭和九）年　＊志ん馬改め七代目金原亭馬生となる。

●一九三六（昭和一一）年　＊なめくじ長屋から浅草永住町に転居。

●一九三七（昭和一二）年　＊本郷区駒込神明町へ移る。

●一九三八（昭和一三）年　＊次男強次（三代目古今亭志ん朝）生まれる。

●一九三九（昭和一四）年　＊五代目古今亭志ん生襲名。

●一九四一（昭和一六）年　＊もと三語楼門下の弟弟子志ん太を初めての弟子とする。
毎月独演会を開催。

●一九四三（昭和一八）年　＊長男清が落語家になり、むかし家今松（二ツ目）

●一九四四（昭和一九）年　＊志ん駒（初代金原亭馬の助）入門。

●一九四五（昭和二〇）年　＊東京大空襲（四月十三日）により被災。本郷区駒込動坂町に家を借りる。五月に演芸慰問団に参加し、六代目三遊亭円生、国井紫香らとともに満州へ渡り、敗戦後には大連へ。

●一九四七（昭和二二）年　＊大連から突然帰国。新宿末広亭から第一声。

●一九四八（昭和二三）年　＊第四次落語研究会。文楽、円歌、円生らと発起人として参加する。

●一九四九（昭和二四）年　＊長男清が志ん橋から十代目金原亭馬生で真打昇進。

●一九五〇（昭和二五）年　＊次女喜美子結婚。

●一九五一（昭和二六）年　＊荒川区西日暮里に新居。初めての自宅完成。

●一九五三（昭和二八）年　＊ラジオ東京専属（文楽、円生、小さん、桃太郎らと）となる。生次（古今亭円菊）入門。古今亭志ん好加入。長男清が結婚。

●一九五四（昭和二九）年　＊ラジオ東京の契約が切れ、ニッポン放送と契約。

●一九五六（昭和三一）年　＊自伝『なめくじ艦隊』（朋文社）出版。「お直し」で芸術祭賞。

●一九五七（昭和三二）年　＊落語協会会長（戦後では四代目小さん、八代目文治、八代目文楽に次いで四人目）。次男強次、朝太で初高座。

●一九五九（昭和三四）年　＊次男強次、朝太のまま二ツ目昇進。

●一九六一（昭和三六）年　＊読売巨人軍優勝祝賀会会場で脳出血で倒れる。船員病院へ入院。三か月で退院。

●一九六二（昭和三七）年　＊朝太、三代目古今亭志ん朝となり真打昇進。ニッポン放送の専属を解く。

●一九六三（昭和三八）年　＊病気のため会長を辞す。文楽が会長。体調が回復し、前に釈台を置き寄席に出演。

●一九六四（昭和三九）年　＊『びんぼう自慢』（毎日新聞社刊・フォノシート付）出版。紫綬褒章受章。

●一九六六（昭和四一）年　＊高助（初代古今亭志ん五）最後の直弟子入門。生次↓今松が二代目古今亭円菊となり、真打昇進。

●一九六七（昭和四二）年　＊還国寺にて先祖大供養。勲四等瑞宝章。

●一九六八（昭和四三）年　＊上野鈴本初席が寄席出演の最後となり、精選落語会が最後の高座（十月九日）となる。

●一九六九（昭和四四）年　＊次男強次結婚。改訂版『びんぼう自慢』、作品集『志ん生廓ばなし』（ともに立風書房刊）出版。

●一九七〇（昭和四五）年　＊『古典落語志ん生大全集』（LP十一枚組・コロムビア）発売。

●一九七一（昭和四六）年　＊りん夫人死去（十二月九日、七十四歳）。八代目文楽没。

●一九七三(昭和四八)年　＊九月二十一日午前十一時三十分、志ん生死去。八十三歳。戒名は松風院孝誉彩雲志ん生居士。

●一九七七(昭和五二)年　＊『五代目古今亭志ん生全集』(全八巻・弘文出版刊)『志ん生文庫』(全六巻・立風書房刊)出版。

●一九七八(昭和五三)年　＊馬生、落語協会副会長就任。

●一九八二(昭和五七)年　＊馬生死去(九月十三日・五十四歳)

《平成期》

●一九九三(平成五)年　＊志ん生没後二十年を記念して愛蔵版『志ん生文庫』や「山藤章二のラクゴニメ」(ビデオ全十二巻・ポニーキャニオン)発売。

●一九九四（平成六）年　＊『これが志ん生だ！』（全十巻・別巻一　カセットと本の組合せ　三一書房刊）発売。

●一九九九（平成一一）年　＊『五代目古今亭志ん生　名演大全集』（全一一八演目・ポニーキャニオン）ＣＤで発売。

あとがき

私は志ん生さんの宝ものを、三つ持っている。

一つは、毎日版『びんぼう自慢』の折に、見返しに「古今亭志ん生」とサインをもらい、徳利の中に「志ん生」とあるハンコを、ポンと捺してもらったもの。まだ自由の利く左手で、太いマジックペンをにぎり、わざわざ目の前で書いてもらったのだから、これは貴重である。

二つ目は、火焔太鼓の根付である。

志ん生さんが功成り名を遂げたあと、りん夫人が酉歳だというので、何かの祝いに、鶏の絵の彫金額を贈ったことがある。夫人は喜んで、それをいつも自分の座る居間に掛けていた。

その折、この火焔太鼓の根付を、志ん生さんはいくつか注文したらしい。

直径約3センチの「火焔太鼓の根付」と「志ん生」と彫ってある石材の落款と印面

直径約三センチほどの円形の右半分に、火焔太鼓を彫み、左下の余白に、「志ん生」とあり、それが黄楊《つげ》の枠にはまっている。箱書きには「年延」とある。

美津子さんにきいても、「さあ、十か十五ぐらいのものだったでしょう」と、数は少ない。その一つである。立風版『びんぼう自慢』のとき貰ったものだ。

三つ目は、「志ん生」とだけ彫ってある石材の印鑑である。これはどういうとき貰ったか、記憶の中にない。

そして四つ目が、もしあるとすれば、この本である。

志ん生さんには「三角関係」という小ばなしがある。出雲の神さまが、赤い糸を結ぶとひと組の夫婦が出来る。時にはこんがらがっている糸がある。えーい面倒だと結ぶと、それが三角関係というお笑いだ。

志ん生さんと私は、なぜかこの〝赤い糸〟で結ばれているような気がしてならない。

志ん生さんには生前親しく接し、多くのことを学ぶ。そしていろいろな仕事にもタッチさせてもらい、気心も通じ合った。年からいって親父と呼びたい人であった。

あるとき、三十数年前の、志ん生宅での録音をきき、そのときのオープンリールのテープに、伸びもはりつきもなく、まるで昨日の録音のようであったことにおどろき、あわてて墓参りに出かけたこともあったっけ……。

今回、この本をまとめるに当たって、企画を立て薦めてくれたのは、うなぎ書房の稲見茂久氏であるが、奇しくも志ん生の二十七回忌。何か書くべきだという使命感のようなものが、沛然《はいぜん》と私の中に湧き上がったのは、その赤い糸の奇縁が甦ったようであった。

古い資料をひっくり返し、思い出をたどりながら、志ん生片々を無造作に拾い出してみたら、このようなものになった。むかし取材した中で、書けなかったこと、カットしてしまったことが、こんなにも多かったのを知る。

「こんなことまで書いて、困りますな……」

と、志ん生さんに叱られるかもしれない。

「うん、よく書いてくれた……」

と、ほめられるかもしれない。

どちらでもいい。志ん生さんは、私の中で永遠の人である。

志ん生自伝『びんぼう自慢』ともども、ご愛読いただけるならうれしい。

小島貞二

本書は一九九九年十二月、うなぎ書房より刊行された。
文庫化にあたり一部訂正削除した。

ちくま文庫

志《し》ん生《しょう》の忘《わす》れもの

二〇一九年九月十日　第一刷発行

著者　小島貞二（こじま・ていじ）
発行者　喜入冬子
発行所　株式会社　筑摩書房
東京都台東区蔵前二―五―三　〒一一一―八七五五
電話番号　〇三―五六八七―二六〇一（代表）
装幀者　安野光雅
印刷所　中央精版印刷株式会社
製本所　中央精版印刷株式会社

ISBN978-4-480-43616-0 C0195